Matz Mattern

Critical Chain Project Management

Ein Ansatz zur Durchführung von Projekten in der Softwareentwicklung

disserta
Verlag

Mattern, Matz: Critical Chain Project Management: Ein Ansatz zur Durchführung von Projekten in der Softwareentwicklung, Hamburg, disserta Verlag, 2014

Buch-ISBN: 978-3-95425-786-7
PDF-eBook-ISBN: 978-3-95425-787-4
Druck/Herstellung: disserta Verlag, Hamburg, 2014
Covermotiv: © carlosgardel – Fotolia.com

Bibliografische Information der Deutschen Nationalbibliothek:
Die Deutsche Nationalbibliothek verzeichnet diese Publikation in der Deutschen Nationalbibliografie; detaillierte bibliografische Daten sind im Internet über http://dnb.d-nb.de abrufbar.

Hermannstal 119k, 22119 Hamburg
http://www.disserta-verlag.de, Hamburg 2014
Printed in Germany

1 DANKSAGUNG

Mit der Erstellung dieses Buches geht ein Stück des langen Weges, den ich nicht allein gegangen bin, zu Ende. Die Beschäftigung und Aufarbeitung war eine anstrengende, lehrreiche und hochinteressante Zeit. An dieser Stelle möchte ich allen, die mir in dieser Zeit zur Seite gestanden haben, ganz herzlich für ihre Unterstützung danken.

An erster Stelle sei hier natürlich meine Familie genannt: meine Frau Sanne und mein Sohn Moritz aber auch meine Eltern und meine Schwiegermutter. Dazu natürlich meine wirklich guten Freunde Claudia, Marco, Rüdiger, Heiko, Michael, Thomas, Roland, Martin, Richard, Christian.

Ohne den Zuspruch und die ganze Unterstützung wäre das Projekt Buch in dieser Form nicht entstanden.

Danke Euch allen, schön dass es Euch gibt.

2 INHALTSVERZEICHNIS

3 ABBILDUNGSVERZEICHNIS

4 TABELLENVERZEICHNIS

5 EINLEITUNG

5.1 Summary

In diesem Buch wird der Einsatz der Methode Critical Chain Management (CCM) im Rahmen von Softwareentwicklungsprojekten (IT-Projekten) näher untersucht. Die Methode selbst beruht auf den Erkenntnissen der so genannten „Theory of Constraints“ von Dr. Eliyahu M. Goldratt. Im Rahmen von Projekten der produzierenden Industrie wurden hier schon beachtliche Geschwindigkeitsvorteile erzielt.

Dieser Ansatz selbst ist in Deutschland, ja sogar in Gesamt-Europa, noch nicht stark verbreitet. Sie stammt aus der Produktionsplanung und hatte zunächst das klare Ziel, den Durchsatz in der Produktion deutlich zu erhöhen. Aus der Systemtheorie und der Kybernetik entstand dann letzten Endes die „Theory of Constraints“, die die Begrenzungen der Produktion verdeutlicht und auf Basis der analysierten Daten Maßnahmen ableiten lässt, die zur Erhöhung der Produktion und zur Erhöhung des Durchsatzes führen. Grundsätzlich ist es doch so, dass ein Projektmanager oder Multi-Projektmanager (auch Programm-Manager) und ein Produktionsmanager zwei sehr ähnliche Zielvorgaben erfüllen müssen. Auf der einen Seite wollen sie so wirtschaftlich wie möglich arbeiten und alle vorhandenen Ressourcen vollständig auslasten; auf der anderen soll die Flexibilität, kurzfristig auf geänderte Markt- oder Kundenbedürfnisse reagieren zu können, erhalten bleiben (vgl. Schragenheim, 2008).

In der Praxis ergibt sich aus diesen beiden Zielen sehr häufig ein Zielkonflikt, man spricht hier auch von der so genannten „Zielkonkurrenz“ (Schell 2005, S. 144). Dieser Zielkonflikt lässt sich, wie der Begründer der "Theory of Constraints" (TOC) Dr. Eliyahu M. Goldratt in seinen Büchern erläutert, durch eine Fokussierung auf den so genannten Engpass im Unternehmen auflösen. Projekt- wie Produktionsmanager könnten also mittels Konzentration auf den Engpass die Organisation zur höchstmöglichen Leistung und auf Wachstumskurs bringen. So kann die Effizienzreduzierung eines Produktionsschritts oder eines Prozesses den Durchsatz und die Produktivität der Linien bzw. der Projektorganisation erhöhen.

Linienorientiertes Produktionsmanagement und temporäres Projektmanagement – auf den ersten Blick handelt es sich um zwei verschiedene Welten. Doch die Schwierigkeiten, mit denen Produktionsmanager und Projektmanager in der Praxis konfrontiert werden, ähneln sich letzten Endes doch. In komplexen Projekten oder auch bei der Erstellung von Einsatzplänen weisen sie Mitarbeitern und Maschinen Aufgaben zu. Alle Ressourcen werden bestmöglich ausgelastet und möglichst gewinnbringend eingesetzt (vgl. Schragenheim,

2008). Doch diese Planungen werden relativ schnell zur Makulatur, immer wieder müssen die jeweiligen Manager eine Planungsänderung vornehmen: Eilige Aufträge werden kurzfristig dazwischen geschoben und bereits angelaufene Arbeiten müssen dafür unterbrochen oder verschoben werden. Kunden wünschen kurzfristig Änderungen oder Sonderlieferungen, die andere Projekte oder Produktionsaufträge verzögern. IT-Technologien verändern sich rasant, somit wird aus dem geplanten Vorgehen eher ein so genanntes ad-hoc-Management oder auch Troubleshooting. In vielen Fällen wird dies dann nahtlos zum Krisenmanagement. Die wenig flexible Planung vieler Manager passt nicht mit dem Wunsch des Marktes nach Flexibilität, nach kurzen Lieferzeiten und gleichzeitig pünktlicher Lieferung überein.

„Doch gerade in dieser Flexibilität liegen heute erhebliche Vorteile für den Wettbewerb" (Schragenheim 2008, S. 1).

Was den meisten Managern in dieser Situation fehlt, sind ausreichend verfügbare Ressourcen. Die Manager wissen, dass sie flexibel reagieren könnten, wenn nur ausreichend Reserve-Ressourcen vorhanden wären. Mit diesen so genannten Reserve-Ressourcen wäre es möglich, bei verstärkter Nachfrage, bei eiligen Aufträgen und ungeplanten Änderungen diese entsprechend einzusetzen. Solche zusätzlichen Ressourcen kosten allerdings weiteres Geld. Und: Diese Reserve-Ressourcen können nicht ständig ausgelastet werden und deshalb bringen sie finanzielle Verluste bzw. das Budget für diese Reserve wird erst gar nicht von der Geschäftsleitung oder vom so genannten Projektauftraggeber bewilligt (vgl. Goldratt, 1997). Flexibilität am Markt bei vollständiger Auslastung der Ressourcen – diese beiden Ziele stehen zunächst klar in Konkurrenz (vgl. auch Seite 12 - Zielkonkurrenz) zueinander.

Ein Exkurs in die Produktion macht deutlich, wie kompliziert sich das Ganze in der Praxis gestaltet. Nehmen wir an, dass in einer Produktionsanlage unterschiedliche Produkte produziert werden. Man fertigt eine bestimmte Menge jeweils eines Produktes oder Teilproduktes an einem Stück. Diese Vorgehensweise wird, in der Produktion, als Los bezeichnet. Ist ein solches Los eines Produkts abgeschlossen, werden die Maschinen angehalten und für die nächste Fertigung umgerüstet. Während dieses Rüstvorgangs stehen die Maschinen still. Je größer nun diese Lose sind, desto länger kann die Maschine ohne Unterbrechung arbeiten. Bei kleinen Losen müssen häufig Rüstzeiten (Stillstände) in Kauf genommen werden. Es erscheint also durchaus sinnvoll große Lose zu produzieren. Doch so einfach diese Lösung auch erscheint, so leicht ist sie leider nicht, insbesondere mit Blick auf die vom Markt geforderte Flexibilität. Der Markt kann bedingt durch verlängerte Lieferzeiten nicht ausreichend schnell bedient werden. Lange Lieferzeiten können nur durch ein Entgegenkommen im Preis am Markt aufgefangen werden, niedrigere Preise am Markt erfordern

Kostensenkungsprogramme im Unternehmen, ein Teufelskreis entsteht (Dr. Goldratt, 1997). Um Schwankungen auszu-gleichen werden häufig auch umfangreiche Lager angelegt. Doch Lager binden das Kapital und erfordern umfangreiches Management. Ein wirklich komplexes Thema, generell sollte die „Minimierung der Produktionskosten“ (Wöhe 2005, S. 409) das wichtigste Ziel bei der Planung eines Loses sein.

Grundsätzlich ist diese Problematik auch im Projektmanagement in abgewandelter Form bekannt. Bestmögliche Nutzung der vorhandenen Humanressourcen (Mitarbeiter/innen), die Arbeitszeit einer jeden Ressource soll, als produktive Zeit, möglichst vollständig auf das Konto einzelner Projekte gebucht werden. Dies ist zumeist, gerade bei IT-Dienstleistern, auch Vorgabe des Linienmanagements. Die hohe Auslastung der Mitarbeiter ist in diesen Unternehmen sehr oft eines der wichtigsten Ziele der Linienorganisation und Bestandteil der Zielvereinbarungen der Linienmanager. Konflikte sind hier vorprogrammiert.

Auf Störungen, Verzögerungen oder Change Requests können Projektmanager, im Rahmen Ihrer Projekte, mangels freier Ressourcen kaum reagieren. So sehen sie sich ebenso wie Produktionsmanager oft gezwungen Prioritäten und Pläne zu verändern. Der Ressourcen-Einsatz erfolgt, bedingt durch die Knappheit, stark fokussiert auf Arbeitspakete, die bereits in Verzug geraten sind. Oft auch nach dem Motto: „Wer am lautesten schreit erhält das Personal“ (vgl. Lörz / Techt, 2007). In der Folge kommt es, mangels Ressourcen, zu Problemen in vorher unkritischen Bereichen. Es entsteht ein Domino-Effekt. „Viele dieser Schwierigkeiten drehen sich um das Problem, entweder die Ressourcen wirtschaftlich voll auszulasten oder flexibel auf den Markt und seine Bedürfnisse zu reagieren, sagt Unternehmensberater Eli Schragenheim, ein sehr enger Mitarbeiter von Dr. Goldratt. Aus diesem Dilemma wissen die meisten Manager keinen Ausweg" (Schragenheim 2008, S. 1 f).

Natürlich lassen sich Produktion und Projektmanagement nicht unmittelbar miteinander vergleichen, doch ist es gerade durch die Erkenntnisse aus der Produktionswelt wichtig Einsichten und Anregungen für das Projektmanagement zu gewinnen.

Grundsätzlich sollte auch im Projektmanagement gelten: Das Projektmanagement muss den Kundenanforderungen oder Marktbedürfnissen folgen. Eine erste Konsequenz aus diesen Überlegungen: Der Kunde bzw. der Markt fordert möglichst kurze Projektlaufzeiten mit zuverlässiger Einhaltung der vereinbarten Termine. Dieser Forderung ist die Projektorganisation und die Projektplanung unterzuordnen. Projekte müssen so schnell wie möglich und in jedem Fall pünktlich abgewickelt werden. In der Praxis entstehen allerdings eine Vielzahl von Verzögerungen - vor allem deshalb, weil die Mitarbeiter ihre Projektaufgaben nicht sofort dann übernehmen können wenn sie fällig werden.

Die Folge: Die Projekte müssen warten. Grundsätzlich sollte der Projektmanager die Auslastung seiner Mitarbeiter so bemessen, dass sie flexibel zur Verfügung stehen wenn sie gebraucht werden. So sollte ihnen beispielsweise ermöglicht werden, die Übergabe einer Aufgabe sozusagen untätig (Leerlauf) abzuwarten, um nach der Übergabe die übertragende Arbeit direkt starten zu können – anstatt vorher, bedingt durch maximale Auslastungsanforderungen, eine andere Aufgabe zu beginnen, die dann noch abgeschlossen werden muss (vgl. Schragenheim, 2008). Dieser Schritt ist leicht ausgesprochen oder aufgeschrieben, erfordert jedoch ein konsequentes Umdenken: Nicht die permanente Versorgung mit Aufgaben führt zum maximalen Erfolg, sondern die Akzeptanz zum Leerlauf für einzelne, wenn es dem Gesamterfolg dient. Dieses Umdenken hat also schon Einfluss auf die grundlegende Zieldefinition des Unternehmens.

Eine weitere Konsequenz aus diesen Überlegungen lautet: Wir müssen uns mit der Identifikation der Engpässe beschäftigen. Was ist in der Projektorganisation eigentlich eine Engpass-Ressource bzw. wer zeichnet für sie verantwortlich? Zumeist handelt es sich hier um bestimmte Schlüsselressourcen, in der Praxis oft auch als Keyplayer bezeichnet. Im IT-Umfeld sind das in der Regel die Architekten oder Chefentwickler. Die Linienorganisation kann nicht mehr Projekte abwickeln als diese Engpass-Mitarbeiter bearbeiten können. Aufgabe des Projektmanagers ist es, diesen Engpass bestmöglich zu nutzen. Die Nicht-Engpass-Mitarbeiter müssen den Engpass-Kollegen optimal zuarbeiten, sodass diesem die Arbeit nicht ausgeht. Und: Die Engpass-Mitarbeiter dürfen nicht mit Arbeit überlastet werden. Die Überlastung würde zwangsläufig zu schädlichem Multitasking (siehe auch Kapitel 11.2.2.3) führen, bei dem die Engpass-Mitarbeiter zwischen angefangenen Aufgaben springen, sich ggf. verzetteln und dabei wertvolle Zeit verlieren.

Der Projektmanager in einem Critical Chain Project muss also ermöglichen, dass die Engpass-Ressourcen, quasi ohne Zeitverlust, ungestört eine Aufgabe nach der anderen abwickeln können und so weit wie möglich von unnötigen Aufgaben befreit werden (vgl. Lörz / Techt, 2007). Auch dies ist in der Praxis wieder ein sehr schwieriges Unterfangen, da solche Keyplayer sehr oft sowohl innerhalb des Projektes als auch außerhalb für unterschiedlichste Aufgaben herangezogen werden. Beispielhaft aufgeführt sei hier der kurzfristige Einsatz zur Unterstützung eines Akquisitionsgespräches. Auch wieder ein Teufelskreis, denn: Ohne die ungeplante Hilfe geht eventuell ein neuer Auftrag verloren, durch die zusätzliche Arbeit wird unter Umständen ein laufender Auftrag gefährdet.

Mittlerweile ist die Critical Chain Project Management Methode auch schon in einigen Fällen erfolgreich auf das Projektgeschäft übertragen worden. Im Projekt-Management zielt die Methode auf die kritischen Faktoren und Abhängigkeiten innerhalb eines Projektes und setzt beim Projektmitarbeiter und der Planung an. Die wesentlichen Annahmen sind hier, dass im heute vorherrschenden Vorgehen (vgl. auch Hartmann, 2007) die Folgenden Einschränkungen existieren:

Störungen in den Einzelprozessen haben eine unmittelbare Auswirkung auf den Endtermin und damit auf die Kosten eines Projektes. Zeitvorsprünge sowie Kosteneinsparungen, die durch die Mitarbeiter selbst als Sicherheitspuffer in Einzelvorgängen eingeplant wurden, aber dann nicht benötigt wurden, werden nicht weitergereicht. Mitarbeiter, die schneller als geplant fertig werden, kommunizieren diesen Umstand nicht, um nicht höhere Anforderungen für spätere Vorgänge in Kauf nehmen zu müssen Das so genannte „Studentensyndrom" (siehe auch Kapitel 11.2.2.2). „Aufgrund des Studentensyndroms und der Philosophie, ein Projekt strikt nach Kalender durchzuführen, wird entstehender Puffer so gut wie immer vollständig ausgenutzt oder sogar überschritten" (Dr. Goldratt 1997, S. 132 ff).

Die oben schon angeführten Gründe sind auch für den Einsatz in Softwareentwicklungsprojekten sehr interessant. Hier gibt es zwar bereits heute schon diverse unterschiedliche Ansätze (vor allem agile Ansätze) bezüglich schnellerer Umsetzungsgeschwindigkeit und flexiblerer Abwicklung.

Jedoch erfüllte keiner der Ansätze bisher die Kriterien eines ganzheitlichen Management bzw. Projektmanagementansatzes, was unter anderem bei öffentlichen Ausschreibungen zu Problemen bzw. Ablehnung führt. Die Projektmanagementmethoden im IT-Umfeld müssen weiter professionalisiert werden ohne dass Flexibilität und Geschwindigkeit leiden.

5.2 Inhalt der Arbeit

Die Ausgangslage für Softwareentwicklungsprojekte ist hinsichtlich der grundlegenden Anforderungen fast immer gleich: Schnelle Marktreife bei hoher Effizienz und niedrigen Kosten stehen als Forderung an diese Projekte im Raum. Dies erfordert, neben den existierenden Offshore- und Industrialisierungsbemühungen, Handlungsbedarf im Bereich der Projektmanagement-Methoden. Im Rahmen dieses Buches werden, mit Blick auf die besonderen Anforderungen an die Projekte im Bereich der Softwareentwicklung, folgende Aspekte der „Theory of Constraints" bzw. der „Critical Chain Project Management-Methode" näher untersucht:

- Projektmanagement-Grundlagen

- Situationsbeschreibung in IT-Projekten
- Was ist Critical Chain Management / Critical Chain Projektmanagement?
- Was ist die Theory of Constraints / Constraint Management?
- Verbindung zwischen Projektmanagement und der Theory of Constraints bzw. dem Constraint Management
- Bereits bekannte Ansätze im IT-Projektmanagement
- Unterscheidung / Abgrenzung zum normalen Projektmanagement
- Critical Chain Project Management als Ansatz für Softwareentwicklungsprojekte
- Warum hat sich Critical Chain Project Management bisher nicht durchgesetzt und kann es sich in Zukunft durchsetzen?
- Handlungsempfehlung bezüglich des Einsatzes von Critical Chain Project Management
- Persönliches Fazit
- Vorstellung eines eigenen Ansatzes
- Ausblick Projektmanagement in der Softwareentwicklung

5.3 Begründung zur Auswahl der ausgewählten Thematik

Mit der folgenden Beschreibung der Ausgangs und Ist-Situation im Umfeld von IT-Projekten möchte die Auswahl meines Themas näher begründen.

5.3.1 Analyse der Ausgangs- / Ist-Situation

Unternehmen bzw. Organisationen stehen vor der Aufgabe immer mehr Anforderungen in immer kürzerer Zeit umsetzen zu müssen. Darüber hinaus besteht der wirtschaftliche Druck, effektiver und effizienter zu arbeiten. Die Bedeutung von IT im Zusammenhang mit diesen Zielen und zur Unterstützung der Geschäftsprozesse einer Organisation ist unstrittig. IT-Projekte stehen deshalb sehr stark unter dem Druck, in sehr kurzer Zeit komplexe Themen zu behandeln und ein qualitativ hochwertiges Ergebnis zu liefern. Obwohl dies bekannt ist, stehen viele Projekte vor dem Problem, dass sie zu spät fertig werden, dass das Budget deutlich überzogen wird und die Ergebnisse nicht zu den Anforderungen passen. Einige Projekte werden sogar abgebrochen. Viele IT-Projekte, obwohl mit unterschiedlichstem Kontext und in unterschiedlichsten Firmen, Branchen bzw. Ländern stehen vor denselben Problemen:

- Unklare oder ungenaue Anforderungen
- Nicht genügend Zeit zur Vorbereitung (Initialisierung)
- Wechselnde bzw. neue Anforderungen (Change Requests)
- Zeitdruck
- Personalfluktuation im Unternehmen und damit auch im Projekt
- Prioritätskonflikte zwischen Projekten bzgl. Personaleinsatz
- Geringe Budgets, Kostendruck bzw. falsche Abschätzung, Budgetstreichung im Projektverlauf
- Technologiewandel während der Projektlaufzeit
- Spannungsfeld zwischen Fachbereichen, IT-Abteilungen und letzten Endes auch dem Betrieb

Diese und weitere Probleme sind Auslöser dafür, dass die Statistik bzgl. erfolgreicher IT-Projekte ein eher negatives Ergebnis aufzeigt (vgl. Wallmüller, 2004).

- Ca. 23 % der IT- Projekte werden vor ihrer Fertigstellung abgebrochen
- Ca. 49 % der IT-Projekte haben deutlich mehr Budget verbraucht (Overrun) und die Laufzeit war deutlich länger als ursprünglich geplant (190 % im Durchschnitt)
- Ca. 28 % der Projekte konnten zwar finanziell und zeitlich wie geplant beendet werden; bei ca. 30 % jedoch zu Lasten des ursprünglich geplanten Funktions-umfangs (Zielkonflikt des magischen Dreiecks, siehe auch Kapitel 8.6.1)

Die bekanntesten Projekte, die zusätzlich zu den oben bereits erwähnten Problemen auch noch mit dem Reputationsverlust des Auftragnehmers, bedingt durch die Veröffentlichung in diversen Medien, zu kämpfen hatten, sind in der Tabelle auf der Folgeseite kurz aufgeführt:

Tabelle 1 - Bekannte Projektkrisen IT-Großprojekte (Wallmüller 2004, S.1)

Projekt	Verspätung	Verluste
Deutsches Mautsystem „Toll Collect"	Abbruch / Neustart nach 2 Jahren	ca. € 2, 2 Milliarden
„YOU"-Projekt von Bank Vontobel	Nach 2 Jahren abgebrochen	ca. CHF 256 Millionen
California PKW-Zulassung	3 Jahre	$ 54 Millionen
American Airlines Autovermietung	7 Jahre	$ 165 Millionen
US-Bundesfinanzamt für Steuern	2 Jahre	$ 750 Millionen
London, Elektronische Börse	8 Jahre	£ 800 Millionen

Diese Liste ist nicht vollständig und könnte beliebig erweitert werden. Gerade in Deutschland haben auch in jüngster Zeit noch die Projekte Herkules (Bundeswehr) sowie ALG2 (Bundesanstalt für Arbeit), für negative Schlagzeilen gesorgt.

Auch zahlreiche IT-Projekte innerhalb des Konzerns Deutsche Telekom klagen über verspätete Einführungen, deutlich erhöhte Kosten und viele weitere Schwierigkeiten. Paradebeispiele sind hier die deutliche Verzögerung bei der Einführung eines neuen Systems für das Ordermanagement oder auch, ganz aktuell, die Umstellung auf ein völlig neues CRM-System. Verspätungen von mehr als einem Jahr und deutlich überhöhte Kosten führen in beiden Fällen zur Unzufriedenheit nahezu aller Beteiligten im Unternehmen.

5.3.2 Persönlicher Hintergrund des Autors

Der Autor verfügt über langjährige Erfahrung im Projektmanagement und der Beratung im Umfeld von Softwareentwicklungsprojekten, Konzeptionsprojekten, Qualitätssicherung und Testprojekten. Wesentliche Themenschwerpunkte waren Projekte im Umfeld CRM-Systeme, Internetportale, Abrechnungssysteme, User-Help-Desk, auch als UHD-Systeme (Ticketsysteme) bezeichnet, bei unterschiedlichen Kunden in verschiedenen Branchen. Die unterschiedlichsten Rollen, vom Entwickler über den Projektmanager bis hin zum Projektauftraggeber, wurden im Rahmen solcher Projekte dabei vom Autor schon ausgefüllt. Das in allen Projekten vorherrschende Thema war, wie kann man das Projekt bzw. die Projekte beschleunigen und somit den erfolgreichen Projektabschluss sicherstellen. Effiziente Abwicklung, hohe Umsetzungsgeschwindigkeit waren also Themen übergreifend die wesentlichen Anforderungen, Diese, hieraus resultierenden, Fragestellung transferiert der Autor nun aus der Praxis in die hier vorliegende Arbeit und wird im folgenden prüfen und beschreiben, welche Auswirkung der hier untersuchte Ansatz der Critical Chain Projektmanagement-Methode haben könnte und wie dieser sich von herkömmlichen Projektmanagementansätzen oder den so genannten agilen Ansätzen unterscheidet.

6 ZIELFORMULIERUNG

6.1 Ziele

[Ziel 1]: Beschreibung der Ausgangslage in IT-Projekten und Würdigung der bisherigen alternativen Ansätze im IT-Projektmanagment

[Ziel 2]: Kritische Würdigung des Ansatzes der Theory of Constraints und des Critical Chain Projekt-Managements

[Ziel 3]: Theoretische Übertragung des Ansatzes für IT-Projekte

[Ziel 4]: Ableitung einer Handlungsempfehlung zum Einsatz von Critical Chain Project Management

6.2 Abgrenzung

Es ist nicht Ziel dieser Arbeit, eine neue Projektmanagement-Methode zu entwickeln bzw. die genaue Anwendung der Critical Chain Projektmanagement-Methode im Detail zu erläutern. Auch die Übertragung auf ein in der Praxis existierendes Projekt ist nicht Ziel dieser Arbeit. Ebenfalls ist es nicht Ziel, den Ansatz des Critical Chain Projekt-Managements positiv darzustellen, sofern sich im Laufe der Arbeit ergibt, dass die Ansätze aus Sicht des Autors keine erkennbare Verbesserung für die Abwicklung von IT-Projekten bewirken.

7 METHODISCHE ERLÄUTERUNGEN

7.1 Vorgehensweise

Nach einer Literatursammlung und Analyse sowie Gesprächen mit Spezialisten auf dem Gebiet des Critical Chain Managements werde ich mich zunächst im Rahmen dieser Masterhesis mit allgemeinen Projektmanagementgrundlagen, die im Kontext von IT-Projekten besondere Bedeutung haben, beschäftigen und im folgenden Bezug nehmen auf die Ansätze der agilen Softwareentwicklung bzw. des agilen Projektmanagements, das sich unter dem Aspekt von Geschwindigkeit und Flexibilität im Bereich der Softwareentwicklung durchaus etabliert hat. Darauf aufbauend werde ich mich zunächst mit den Grundlagen der Critical Chain Projektmanagement-Methode befassen und hier im besonderen die dem Ansatz des Critical Chain Managements zugrunde liegende Theory of Constraints näher erläutern.

Ferner werde ich die Übertragung auf das IT-Projektmanagement und die dort vorherrschenden Probleme und Anforderungen beschreiben. Auf Basis der von mir bisher gemachten Erfahrungen und der im Rahmen dieser Arbeit gewonnenen Erkenntnisse werde ich abschließend eine Handlungsempfehlung bezüglich eines möglichen Ansatzes im Rahmen von Softwareentwicklungsprojekten geben. Insbesondere werde ich hier auf einen Changemanagementansatz eingehen, der für diese doch komplexe Veränderung notwendig wird und mir angemessen erscheint. Ebenfalls werde ich erläutern, warum sich Critical Chain Projekt Management bisher noch nicht durchgesetzt hat.

Abschließend folgt mein persönliches Fazit mit der Integration eines Ansatzes wie ein Zusammenspiel aus existierenden Methoden des agilen Projektmanagements und dem Critical Chain Projekt Management aussehen könnte. Ein praktischer Transfer in ein aktuelles Projekt ist aufgrund komplexer Rahmenbedingungen bei meinem aktuellen Auftraggeber leider nicht möglich.

7.2 Leitspruch

Abrunden möchte ich die Begründung für die von mir gewählte Thematik zum Thema Geschwindigkeitsoptimierung oder Effizienzsteigerung in IT-Projekten mit einem aus meiner Sicht den Kern treffenden Zitat des deutschen Top-Managers Heinz Dürr:

"The Lion and Gazelle"

Every morning in Africa, a gazelle wakes up.

It knows that it must outrun the fastest lion or it will be killed.

Every morning in Africa, a lion wakes up.

It knows that it must out run the slowest gazelle or it will starve.

It does not matter whether you are a lion or gazelle.

When the sun comes up you had better be running.

8 ALLGEMEINE GRUNDLAGEN PROJEKTMANAGEMENT / IT-PROJEKTMANAGEMENT

8.1 Historie des Projektmanagements, agilen Projektmanagements und der Theory of Constraints

Die Ursprünge des modernen Projektmanagements kommen in erster Linie aus dem militärischen Bereich der USA und aus den komplexen Forschungs- und Entwicklungsprogrammen der NASA. Das Projektmanagement entstand aus den Anforderungen militärischer Vorhaben zu Ende des Zweiten Weltkrieges. Rüstungs- und Raketenprogramme wurden als Projekte durchgeführt (vgl. Schell, 2005). Der generelle Durchbruch für das Projektmanagement kam, trotz aller Bedenken und Widerstände, in den siebziger Jahren. Ein Umdenken hinsichtlich Verwendung und Einsatz von Projektmanagement in den einzelnen Firmen konnte sich allerdings über Jahre erstrecken. Fortschritte beim Einsatz von IT und der Gewinn neuer Erkenntnisse begünstigten jedoch die Einführung von Projektmanagement. In den neunziger Jahren war Projektmanagement schließlich anerkannt. Seit Mitte der neunziger Jahre wurde dann auch die Ausbildung und Zertifizierung der Projektmanager vorangetrieben, die heute vor allem in den anerkannten Verfahren der IPMA und der PMI mündet. Mittlerweile werden sogar Studienprogramme wie ein MBA-Studium oder das Dipl.-Zusatzstudium angeboten. Die Anzahl der zertifizierten Projektmanager nimmt ständig zu; das Berufsbild Projektmanager und Projekte sind aus der heutigen Arbeitswelt definitiv nicht mehr wegzudenken (vgl. www.gpm-ipma.de, 2008).

In den späteren Neunzigern etablierten sich dann gerade im Bereich der IT-Projekte die ersten so genannten agilen Ansätze, um das aus Ansicht vieler Experten doch etwas schwerfällige und starre Projektmanagementvorgehen auf die Anforderungen von IT-Projekten anzupassen. Die bekanntesten sind hier sicher RUP und Scrum. Auch die Anfänge der Theory of Constraints liegen schon einige Zeit zurück. Ende der siebziger Jahre wurde die Theorie vom Physiker Dr. Eliyahu M. Goldratt begründet. Sie wurde zuerst vor allem bei der Optimierung von Produktionsprozessen eingesetzt und findet ihren Ursprung vor allem in den USA. Seit Mitte der neunziger Jahre dann hielt die Theory of Constraints auch Einzug in das Projektmanagement. Gefördert vor allem durch den im Jahre 1997 erschienenen Roman „Die kritische Kette“ von Dr. Eliyahu M. Goldratt.

In den letzten Jahren wurden auch erste Projekte erfolgreich mit dieser Methode umgesetzt. Ergänzend möchte ich noch erwähnen, dass es in Deutschland schon Ende der 50er Jahre die der späteren TOC ähnliche „Engpasskonzentrierte Verhaltens- und Führungsstrategie“ , auch bekannt als EKS-Strategie, ebenfalls auf Basis der Kybernetik mit den der TOC ähnlichen Grundprinzipien wie z.B. Reduzierung des Multitasking (Verzettelung) und Konzentration auf den wirkungsvollsten Punkt gegeben hat. Der Urheber, der Systemforscher Wolfgang Mewes, hat diese Verzettelung als das zentrale Problem von Mensch und Betrieb entdeckt. Heute existierende Ansätze wie Lean-Management und Konzentration auf das Kerngeschäft haben zumindest Teile ihres Ursprungs in der EKS (vgl. Mewes, 2000) begründet. Interessant ist, dass die EKS-Strategie von einem Betriebswirtswirt (Mewes) entwickelt wurde, der von Naturwissen-schaften keine Ahnung hatte und die TOC wiederum von einem Physiker (Goldratt) entwickelt wurde, der von Betriebswirtschaft keine Ahnung hatte. Beide kommen in ihren Forschungen zu Lösungen, die allen üblichen Regeln widersprechen, sich aber dennoch praktisch glänzend bewähren.

8.2 Was ist ein Projekt?

Die offizielle Deutsche Industrie Norm (DIN 69901) für ein Projekt lautet: Ein Projekt ist ein Vorhaben, das im Wesentlichen durch die Einmaligkeit der Bedingungen in ihrer Gesamtheit gekennzeichnet ist, z.B. Zielvorgabe, zeitliche, finanzielle, personelle und andere Begrenzungen, Abgrenzung gegenüber anderen Vorhaben und projektspezifische Organisation (DIN 69901).

Die beiden bekanntesten Projektmanagement-Institute (IPMA, PMI) definieren ein Projekt wie folgt:

PMI: „Ein Projekt ist ein zeitlich begrenztes Vorhaben, das unternommen wird, um ein einmaliges Produkt, eine Dienstleistung oder ein Ergebnis zu erzeugen"(PMBook der PMI 2003, S. 19 f.).

IPMA: „./. ein zeit- und kostenbeschränktes Vorhaben zur Realisierung einer Menge definierter Ergebnisse entsprechend vereinbarter Qualitätsstandards und Anforderungen (Erfüllung der Projektziele) ..." (Schell 2005, S. 27).

Etwas einfacher ausgedrückt bezeichnet man ein Projekt als ein Vorhaben oder eine Aufgabe mit besonderen Merkmalen (vgl. 8.2.1; vgl. Patzak / Ratay, 2004).

Die Abwicklung von Aufgaben, Lösung von Problemstellungen sollte in der Regel dann als Projekt betrachtet werden, wenn das Ganze relativ komplex erscheint, der Lösungsweg zunächst unbekannt ist, aber bereits eine Zielrichtung und ein Zeitrahmen vorliegen, und oder eine bereichs- bzw. fachübergreifende Zusammenarbeit erforderlich ist.

8.2.1 Merkmale eines Projektes

Projekte sind eigenständige soziale Systeme, eingebettet in das jeweilige spezifische Umfeld (Projektumwelten). Im Rahmen von Projekten entstehen häufig eigene Regeln, Arbeitsformen und auch Kulturen etc. (vgl. Patzak / Rattay, 2004). Als die wesentlichen Merkmale eines Projektes können die folgenden bezeichnet werden:

- Aufgabenorientierte Determination (Zielvereinbarung, Zielvorgabe)
- Zeitliche Determination (begrenzte Laufzeit)
- Einmaligkeit
- Neuartigkeit (Außergewöhnlichkeit)
- Komplexität
- Aufgabenbezogenes Budget
- Rechtlich-organisatorische Zuordnung (Interdisziplinarität)
- Projektorganisation ist temporär

8.2.2 Arten von Projekten

Projekte werden auf unterschiedlichen Ebenen einer Organisation bzw. eines Unternehmens ausgeführt, sie können Projektlaufzeiten von wenigen Tagen und Wochen haben aber auch über mehrere Monate oder gar Jahre hinweg andauern. Auch die Größe bzgl. des Projektbudgets oder der Anzahl der Mitarbeiter ist sehr unterschiedlich, es geht sogar bis hin zur Beteiligung mehrerer Organisationseinheiten wie z.B. spezieller Joint Ventures oder Partnerschaften, beispielsweise aktuell das Projekt Herkules für die Deutsche Bundeswehr oder das Projekt Toll Collect. Ebenfalls spricht man auch von unterschiedlichen Projektarten wie in der folgenden Tabelle aus dem Buch „Der Projektmanager der Gesellschaft für Projektmanagement“ gezeigt:

Tabelle 2 - Projektarten (vgl. auch Schell, 2003)

Kriterium	Projektarten
Projektinhalt	Investitionsprojekte (Bau-/Anlagenbauprojekte) Forschungs-/Entwicklungsprojekte (Re-)Organisationsprojekte
Stellung des Auftraggebers	interne Projekte externe Projekte
Grad der Wiederholung	Routineprojekte Pionierprojekte
Soziale Komplexität	Anzahl Mitarbeiter, Anzahl Stakeholder
Beteiligte Organisationseinheiten	Abteilungsinterne Projekte Abteilungsübergreifende Projekte

8.3 Projektmanagementdefinition

Bei den beiden bekanntesten Projektmanagementinstituten finden sich zwei unterschiedliche Definitionen, während bei der IPMA das Projektmanagement nach einem aufgabenorientierten Managementverständnis als die „Summe von Planungs-, Organisations- und Steuerungsaufgaben" bezeichnet wird, die notwendig sind, um ein Projekt erfolgreich durchzuführen stellt die PMI stellt bei ihrer Definition das Wissen und die Fertigkeiten in den Vordergrund. „Projektmanagement ist die Anwendung von Wissen, Fertigkeiten, Werkzeugen und Methoden auf Projektvorgänge, um die Projekt-anforderungen zu erfüllen" (PMBook 2003, S. 22). In beiden Fällen ist der Projekt-manager verantwortlich für das Erreichen der vereinbarten Projektziele.

Die erste Definition hat aus meiner Sicht einen höheren Stellenwert da das Wissen und die Fertigkeiten eher dem Projektmanager zuzuordnen ist als dem Management als solches.

Mit einer prozessorientierten Managementsicht auf die Aktivitäten des Projekt-managements geschaut lässt sich festhalten, dass die Planung, Organisation und Steuerung des gesamten Projektes als Projektmanagementprozess angesehen werden kann.

8.4 Der Projektmanagementprozess

Die offizielle Definition für einen Prozess lautet: „Ein Prozess ist ein Satz von in Wechselbeziehungen stehenden Mitteln und Tätigkeiten, die alle Eingaben in Ergebnisse umgestalten" (DIN EN ISO 8402). Dabei wird unterschieden zwischen den so genannten Primärprozessen (auch als Kernprozesse bezeichnet), die unmittelbar zur Erfüllung der Kundenanforderung (Wertschöpfung) dienen und den Sekundärprozessen (unter-stützende Prozesse und Management-Prozesse), die diese Erfüllung indirekt unterstützen. Beim Projektmanagementprozess handelt es sich um einen Sekundär-prozess der Kategorie Managementprozess, der die eigentliche Leistungserbringung (Wertschöpfung oder Primärprozess; vgl. Sterrer 2006, Skript) entsprechend unterstützt.

8.4.1 Der Projektmanagementprozess nach Nextlevel

Das folgende Beispiel, Abbildung Nr. 1, zeigt die typische Zusammensetzung des Projektmanagementprozesses und dessen Aufteilung in die verschiedenen Teilprozesse, so wie der Prozess von Nextlevel definiert wurde. Ebenfalls dargestellt sind die vorgelagerten und nachrangig stattfindenden Schritte wie Projektbeauftragung und Projektevaluierung.

Abbildung 1 - Nextlevel PM-Prozess (Sterrer, Skript Modul 1)

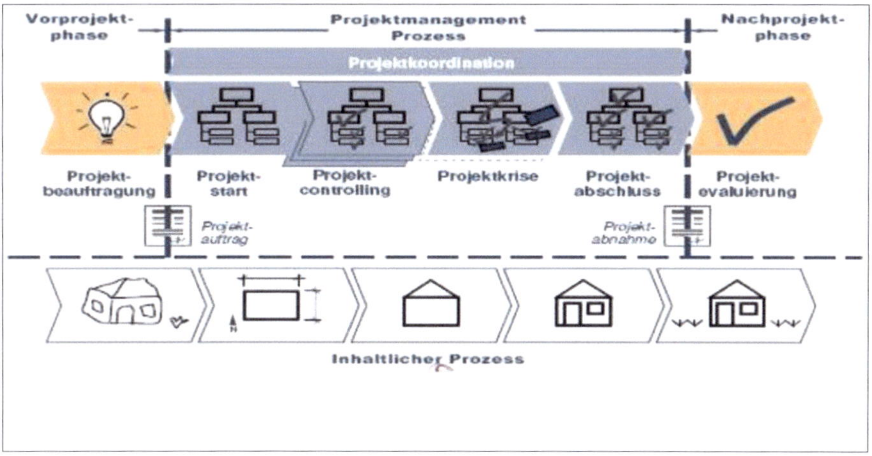

Die folgenden Teilprozesse werden dem Projektmanagementprozess typischerweise zugeordnet:

- Projektcontrolling (periodisch)
- Projektabschluss (einmalig)
- Projektkoordination (kontinuierlich)
- Projektmarketing (kontinuierlich)

Verantwortlich für den PM-Prozess (häufig als Prozessowner bezeichnet) ist im Normalfall das Project-Office eines Unternehmens. Die Verantwortung für die Einhaltung im Rahmen eines Projektes liegt beim jeweiligen Projektmanager.

8.4.2 Der Projektmanagementprozess am Praxisbeispiel der T-Systems

Als Beispiel aus der Praxis finden Sie in Abbildung 2 den Projektmanagementprozess und dessen Aufgaben wie er bei der T-Systems Enterprise Service GmbH definiert wurde. Das Projektmanagement der T-Systems orientiert sich am „Body of Knowledge der PMI“ und wurde in einer leicht abgewandelten Form im so bezeichneten „TSI-PMBook“ auf die Bedürfnisse der T-Systems angepasst und entsprechend dokumentiert.

Abbildung 2 - PM-Prozess der T-Systems (Firmenintranet T-Systems, 2008))

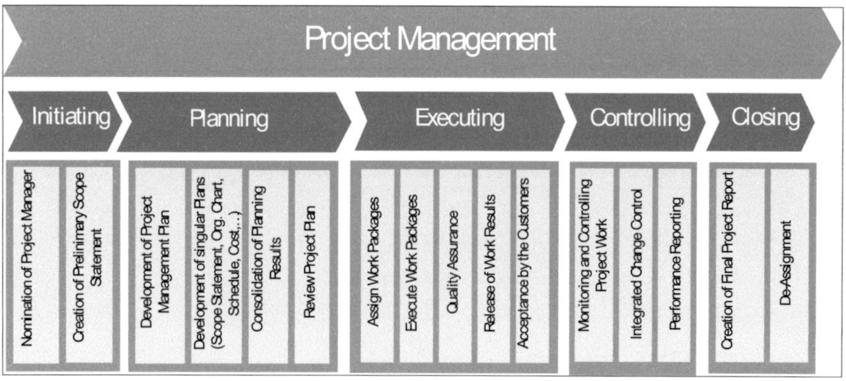

In der Abbildung ist die Aufteilung des Hauptprozesses Project Management in seine einzelnen Teilprozesse Initiating, Planning, Executing, Controlling und Closing besonders gut zu erkennen. Die jeweiligen Teilprozesse beinhalten dann zumindest die hier aufgeführten Arbeitsschritte. An diesem Ablauf orientiert sich die gesamte Projekt-abwicklung der T-Systems sowohl für Entwicklungsprojekte als auch für Outsourcing bzw. IT-Betriebsprojekte.

8.5 Aufgaben des Projektmanagements

Die wesentlichen Haupt- und Teilaufgaben des Projektmanagements sind in der folgenden Tabelle dargestellt (vgl. Sterrer 2006, Skript Modul 1).

Tabelle 3 - Haupt- und Teilaufgaben des Projektmanagements (vgl. Sterrer 2006, Skript)

Hauptaufgabe	Teilaufgabe
Personalmanagement	Teamzusammenstellung, Teamführung, Mitarbeiterbeurteilung, Konfliktmanagement und Re-Integration in die Linienorganisation (Auflösung) des Teams nach Projektende
Projektplanung	Projektabgrenzung, Aufgabenplanung, Terminplanung, Ressourcenplanung, Kostenplanung, Finanzplanung, Qualitätsplanung (Quality-Gates, Audits etc.)
Aufbau der Projektorganisation	Festlegung der Projektorganisation, Rollendefinition, Kompetenzen- und Verantwortungsverteilung, Kommunikation, Werte, Normen, Regeln
Management der Umfeldbeziehungen	Stakeholder und Umweltanalyse, laufende Gestaltung der Umfeldbeziehungen, Projektmarketing, Repräsentation nach Innen und Außen
Projektcontrolling	Überwachung und Steuerung von Leistung, Qualität, Terminen, Ressourcen, Kosten, Kundenzufriedenheit

8.6 Ziele des Projektmanagements

Nach offizieller Norm ist der Begriff Projektziel definiert als „Das Projektziel ist ein nachzuweisendes Ergebnis und oder eine vorgegebene Realisierungsbedingung der Gesamtaufgabe eines Projekts“ (DIN 69905). Bei der Aufstellung der Projektziele ist darauf zu achten, dass die Ziele erreichbar und quantifizierbar sind. Eine bewährte Regel für die Zieldefinition ist die so genannte S.M.A.R.T.-Regel (vgl. Schell, 2005).

S. = spezifisch, „sportlich“

M. = messbar

A. = attraktiv

R. = realistisch

T. = terminiert

Dazu sollten Ziele immer möglichst positiv formuliert werden. Grundsätzlich gilt, dass die Projektziele im Einklang mit den übergeordneten strategischen Zielen des Unternehmens stehen müssen. Die Ziele anderer Projektteams bzw. Abteilungen müssen zu Koordinierungszwecken auch bekannt sein, Ziele müssen detailliert beschrieben werden (Oberziel → Teilziele), also einzeln erläutert und runter gebrochen bis auf die jeweilige Gruppe bzw. den einzelnen Mitarbeiter (Schell 2005, S. 144f). Darüber hinaus gibt es unterschiedliche Kategorien für die Ziele wie z.B. interne Ziele, durch den Projektauftraggeber und das Projekt selbst oder externe Ziele, die durch den Kunden und/oder die eigene Organisation vorgegeben werden. Man unterscheidet weiterhin nach Ergebniszielen (Projektende), Prozessziele (Methodik, Vorgehen) oder Nutzenziele (bei Verwendung des Ergebnisses); (vgl. Patzak / Rattay, 2004).

In der Praxis werden gerade die Nutzenziele häufig nicht im Projekt verfolgt. Ein schönes Beispiel aus der Praxis des Autors die so genannten Ratiopotentiale (Mitarbeiterabbau) im Call Center nach der Einführung einer neuen CRM-Software. Dieses Ziel kann nicht vom Projekt erreicht werden, das Projekt muss sich auf die Ergebnisziele wie z.B. Softwarequalität konzentrieren.

Wenn man sich mit den allgemeinen Zielen des Projektmanagements beschäftigt taucht in erster Linie immer der Begriff „das magische Dreieck“ auf. Manchmal findet sich in der Literatur auch die Bezeichnung „Teufelsquadrat“. Beides klingt ungeheuer mysteriös, meint aber letzten Endes nichts anderes als die im Folgenden beschriebenen Eckpfeiler für die grundlegende Zieldefinition.

8.6.1 Magisches Zieldreieck

Kern der vom Auftraggeber vorgegebenen Anforderungen, die sich gegenseitig bedingen:

- Leistung / Inhalt / Qualität
- Termine
- Kosten/Budget

Abbildung 3 - Magisches Dreieck des PM (vgl. u.a. Schell, 2005)

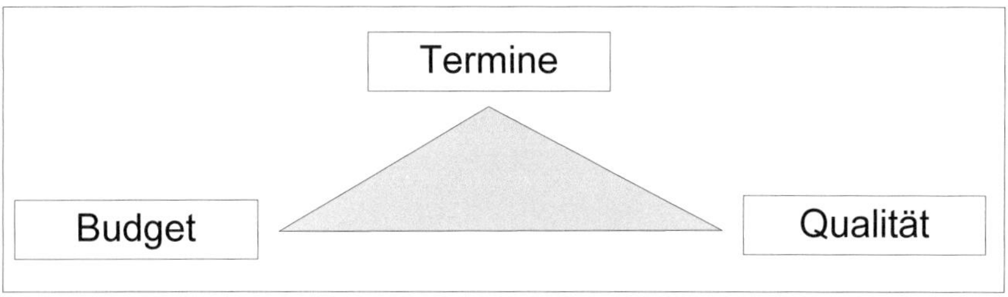

8.6.2 Teufelsquadrat

Gerade im Bereich der Softwareentwicklung wird bedingt durch die vorhandenen Zielkonflikte aus dem magischen Dreieck oft vom so genannten „Teufelsquadrat“ (vgl. H. M. Sneed in H. Balzert, 2000) gesprochen. Auch beim Teufelsquadrat sind die maßgeblichen Kriterien:

- Qualität
- Leistungsumfang / Quantität
- Zeit / Entwicklungsdauer
- Kosten / Budget für ein Projekt

Auf Basis dieser Kriterien wird im Teufelsquadrat eine Fläche gebildet und die Produktivität eines Projektes beschrieben. Die Fläche selbst ist invariant. Die vier Einflussfaktoren des

Teufelsquadrates stehen in Konkurrenz zueinander, was sehr schön durch das von Sneed formulierte Teufelsquadrat zum Ausdruck kommt.

Das Teufelsquadrat nach Sneed zeigt, dass, wenn man die Kosten und Entwicklungsdauer reduzieren möchte, die Diagonalen nach unten rechts bzw. links folgen müssen. Möchte man hingegen die Qualität und die Quantität wie beispielsweise den Funktionsumfang oder die Anforderungen erhöhen folgt man den Diagonalen nach oben links, respektive rechts. Möchte man nun einen oder mehrere Faktoren stärker berücksichtigen, so ist das nur möglich zu Lasten der anderen Faktoren. Wenn also z.B. das Budget oder die verfügbare Zeit gekürzt wird, dann geht dies nur zu Lasten des Umfangs oder der Qualität (vgl. H. M. Sneed in H. Balzert, 2000).

Abbildung 4 - Teufelsquadrat (Balzert, 2000)

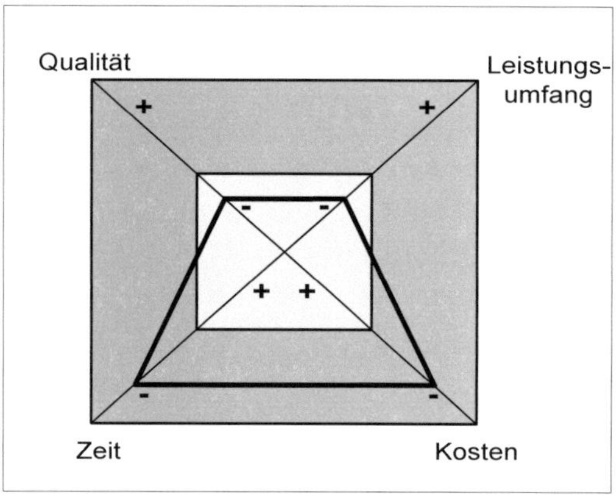

8.6.3 Funktion von Zielen

Bei den wesentlichen Funktionen der Ziele eines Projektes (Ziel der Ziele) handelt es sich um die folgenden:

- Kontrolle, bei Projektabnahme (Messbarkeit des Projektergebnisses)
- Orientierung, für Mitglieder eines Teams
- Verbindung, zwischen Teammitgliedern („Wir-Gefühl“)
- Koordination, zwischen Abteilungen, Teilprojekten etc.

- Selektion, zur Entscheidungsfindung zwischen Alternativen
- Motivation, durch die Besonderheit der Aufgabe

8.7 Projektrisikomanagement

Projektrisiken sind Bedrohungen für den Projekterfolg bzw. das gesamte Projekt. Ihr Wirkungspotential liegt in der Zukunft und kann nicht direkt gesteuert werden. Das Risikomanagement als Prozess ist ein Teilprozess des Projektcontrollings und findet periodisch statt. Risikomanagement ist immer proaktiv und versucht die erkannten Bedrohungen hinsichtlich Zielerreichung, Kosten, Terminen und Umwelten unter Kontrolle zu halten. Die folgende Abbildung zeigt auf, wie sich Risikomanagement, angelehnt an den PMBook-Standard, zusammensetzt.

Abbildung 5 - Risikomanagement (Firmenintranet, T-Systems, 2007)

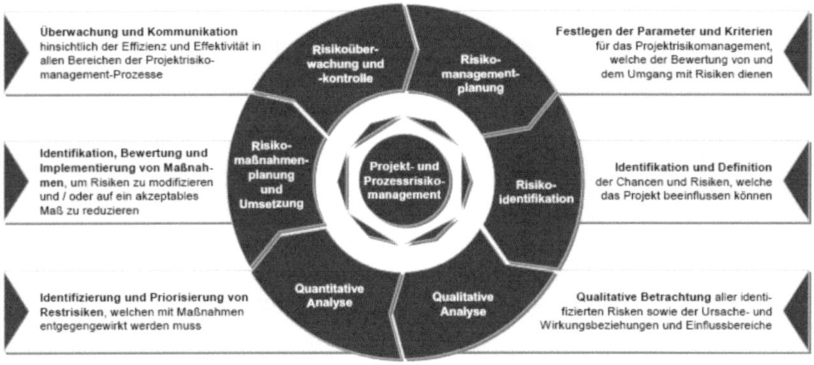

Nur wenn die Risiken im Projekt frühzeitig identifiziert und Maßnahmen definiert bzw. umgesetzt werden, um die Risiken zu verhindern oder den Wirkungsgrad zu verringern, kann ein Projekt erfolgreich sein (vgl. Wallmüller, 2004).

8.8 Projektcontrolling

Als Projektcontrolling bezeichnet man im engeren Sinne die laufende Überwachung des Projektfortschritts und den Vergleich mit den Projektplänen. Das Projektcontrolling nimmt also Planungs-, Kontroll-, Steuerungs- und Koordinationsfunktion wahr, um die Entscheidungsträger mit den notwendigen Informationen zur Steuerung des Projektes zu versorgen (vgl. Patzak / Ratay, 2004). Projektfortschritt bedeutet in diesem Zusammen-hang die Erreichung von (Teil-)Ergebnissen und das schrittweise Ausschöpfen von Ressourcenbudgets.

Als Faustregel für das Projektcontrolling kann man sagen: Alles, was geplant wird, muss auch Gegenstand des Controllings sein. Meist wird der Begriff Projektcontrolling aber weiter ausgelegt. Dann schließt er die Betrachtung von Risiken und die Ableitung von Maßnahmen und die Steuerung des weiteren Projektverlaufs mit ein. Wichtig ist in jedem Fall, dass das Projektcontrolling in einem angemessenen Zeitraum als zyklischer Prozess innerhalb des Projektteams oder Kernteams durchgeführt wird (vgl. Sterrer / Winkler, 2006). Wesentliche Bestandteile des Projektcontrollings sind:

- Leistungscontrolling
- Termincontrolling
- Ressourcen- und Kostencontrolling
- Controlling der Umweltbeziehungen (Soziales Projektcontrolling)

8.9 Multiprojektmanagement / Programm-Management

Einleitend soll festgehalten werden, dass die Begriffe für Multiprojekt-Management, Programm-Management, Projektportfolio-Management in der Praxis oftmals über-schneidend oder sogar synonym verwendet werden. Eine klare Abgrenzung dieser Begriffe gibt es zurzeit nicht. In den meisten Unternehmen laufen eine Vielzahl von Projekten zwischen denen diverse Abhängigkeiten bestehen parallel zueinander. Grundsätzlich unterscheidet man zwischen Programm-Management (analog zum Projekt zeitlich begrenzt) und dem Multiprojekt-Management (permanente Aufgabe). Eine weitere Differenzierung in projektorientierten Unternehmen ist die Unterscheidung zwischen dem so bezeichneten Einzelprojektmanagement (EPM), dem schon hier schon erwähnten Multiprojekt-Management (MPM) und dem Unternehmensmanagement. Die Unterscheidung ist in Abbildung 6 noch einmal grafisch dargestellt.

8.9.1 Programm-Management

Ein Programm kann auch als Großprojekt mit einer Anzahl von Unterprojekten bezeichnet werden. Die Projekte sind in ihrer Art verwandt und das gemeinsame Management dieser Projekte bietet gewisse Vorteile, die bei einem getrennten Management der Projekte nicht möglich wäre. Programme können Elemente verwandter Arbeit umfassen, die außerhalb des Inhalts und Umfangs der einzelnen Projekte des Programms liegen. Im Gegensatz zum Projektmanagement ist das Programm-Management ein zentralisiertes, koordiniertes Management einer Gruppe von Projekten, um die strategischen Ziele und Leistungen des Programms zu erreichen (vgl. PMBook, 2003).

8.9.2 Multiprojektmanagement

Im Gegensatz zum Programm-Management ist das Multiprojekt-Management oder auch Projektportfolio-Management eine permanente Aufgabe (vgl. Schell, 2005). Ziel des Projektportfolio-Managements ist es, die Wertmaximierung des Portfolios durch gewissenhafte Untersuchung in Frage kommender Projekte und Programme, die in das Portfolio aufgenommen werden sollen, und den rechtzeitigen Ausschluss von Projekten, die den strategischen Zielen des Portfolio nicht entsprechen, sicherzustellen (vgl. PMBook, 2003). Letzten Endes geht es um die langfristige Rentabilität des Unternehmens, welche nur durch eine optimale Zusammensetzung von Projekten im Portfolio erzielt werden kann. Bei einem Projektportfolio-Management geht es prinzipiell nicht darum, einzelne Projekte zu optimieren, sondern Schnittstellen effizient zu gestalten, Prioritäten zu setzen und allgemein im Sinne einer Gesamtoptimierung aller als Projekt durchzuführenden Vorhaben zu koordinieren. Folgende projektübergreifende Aufgaben können dabei dem Multiprojektmanagement unter anderem zugeordnet werden (vgl. PMBook, 2003):

- Projektauswahl nach einheitlichen Kriterien und strategischen Gesichtspunkten
- Personalentwicklung für Projektmanager
- Übergreifendes Controlling
- Standardisierung von Projektabläufen (Projektmanagement-Handbuch)
- Einheitliches Qualitätsmanagement und Projektbewertung
- Übergeordnetes Risikomanagement
- Gemeinsames Beschaffungswesen

Durch das Projektportfolio-Management soll das Linienmanagement unterstützt werden, diejenigen Projekte in Planungs- und Durchführungsphase auszuwählen, die die zukünftige Entwicklung des Unternehmens möglichst positiv beeinflussen. Eine Verankerung des Projektportfolios mit der Unternehmensstrategie ist für eine erfolgreiche Abwicklung zwingend notwendig.

Abbildung 6 - Multiprojektmanagement (Schell 2005, S. 444)

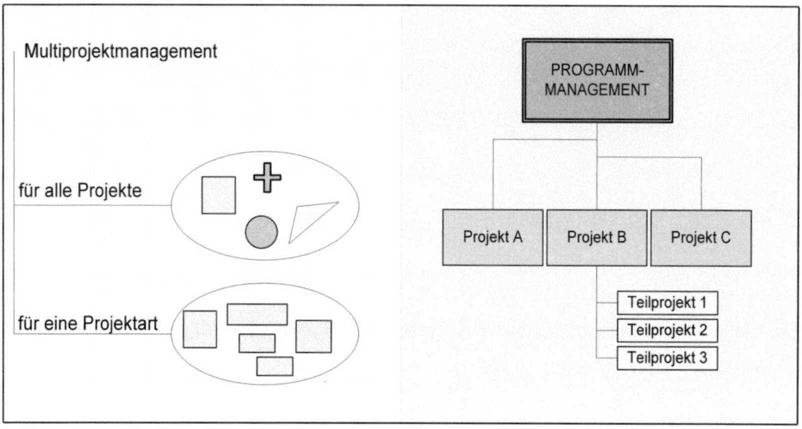

8.10 Management by Projects

Als Führungskonzept in projektorientierten Unternehmen hat sich der Ansatz „Management by Projects" etabliert. Dies bedeutet eigentlich einen Widerspruch, denn die Aufgaben der Unternehmensführung sind langfristig und wiederkehrend, während das Projekt selbst ja einmalig, riskant, innovativ und vor allem zeitlich begrenzt ist (siehe auch Definition unter 8.2). Typische Merkmale des Management by Projects sind die flexiblen Organisationsstrukturen, eine klare Ergebnisorientierung und Führungsdenken in Projekt-aufträgen. Dazu kommen dann noch ein Methodenset für Projektmanagement und die für das Unternehmen entwickelte Projektmanagementkultur. Sehr häufig anzutreffen ist in diesen Unternehmen auch ein entsprechendes Karrieremodell für Projektmanager, welches den typischen Karrieremodellen des Linienmanagements angeglichen ist. In der Praxis auch häufig als Fach und Führungslaufbahn bezeichnet.

Management by Projects ist dabei kein auf sich alleine gestelltes Führungskonzept, sondern es ist zielt darauf ab, andere Führungskonzepte zu ergänzen bzw. durch diese anderen Führungsmodelle ergänzt zu werden (vgl. Schell, 2004).

Die bekanntesten weiteren Führungsmodelle, sind:

- Management by Objectives, Führung durch Zielvereinbarung
- Management by Results, Ergebnisorientierung mit quantitativer Überprüfung
- Management by Delegation, Delegieren von Befugnissen und Verantwortung

Die ICB führt als Eigenschaften des Management by Projects folgendes an:

„Durch das Management by Projects werden die organisatorische Flexibilität und Dynamik gesteigert, die Managementverantwortungen dezentralisiert, das organisatorische Lernen verbessert und die organisatorischen Veränderungen erleichtert" (Schell 2005, S. 448 f).

8.11 Systemisches Projektmanagement

Ganzheitlich-systemisches Projektmanagement bedeutet heute, alle Projekte sind eine Konstruktion der Projektmitglieder und der relevanten Umwelten eines Projektes. Es existiert eine gemeinsame Wirklichkeit (Konstruktivismus) in den Köpfen der beteiligten Personen (vgl. Weidinger 2006, Skript Modul 1). Systemisches Denken und Handeln bedeutet heute, sich von der totalen Beherrschbarkeit von Projekten zu lösen und in einen Ablauf von beobachten, Hypothesen bilden, handeln bzw. intervenieren zu gehen (vgl. Sterrer 2006, Skript Modul 1).

Abbildung 7 - Hypothesenbildung (vgl. Sterner 2006, Skript Modul 1)

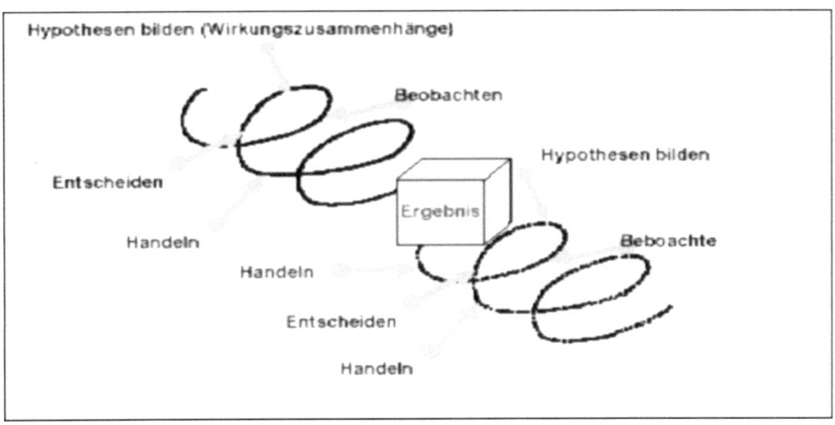

Für das Projektmanagement ist mittels der Systemorientierung die Möglichkeit gegeben ein Gesamtbild mit klarer Abgrenzung zur Ausführungsseite bzw. zur Umwelt des Projektes zu schaffen (vgl. Patzak 2004). Systemorientierung im Projektmanagement bedeutet (vgl. Sterrer 2006, Skript Modul 1):

- Vernetzung statt Hierarchie
- Visionen statt starrer Planung
- Führen durch Impulse statt Führung als Macher
- Beurteilung nach Funktionalität statt Beurteilung nach richtig oder falsch
- Konstruktion der Wirklichkeit statt Objektivität

Auch das Critical Chain Project Management und die Theory of Constraints haben ihre Grundlagen im systemischen Handeln. Auch hier werden die Wechselwirkung der Elemente und deren Beziehung untereinander (das wird als System bezeichnet) in den Vordergrund gestellt. Durch die Beziehungen der einzelnen Elemente untereinander und die daraus entstehenden Wechselwirkungen, bei der Theory of Constraints auch als Rückkopplung bezeichnet, ergibt sich etwas Neues, das nicht ausschließlich auf die Eigenschaften der Elemente zurückführbar ist und mehr als die Summe der Elemente sein kann. Diese Rückkopplungen können positiv als auch negativ ausfallen. Wichtig ist, was gerade im Rahmen der Analysen mit den Denkprozessen der Theory of Constraints durchgeführt wird, dass die Überprüfung vorgesetzt und Handlungsalternativen entwickelt werden. (vgl. Loebel, 2005). Dies geschieht bei der Theory of Constraints unter anderem durch den konsequenten Einsatz des Konfliktlösungsbaumes, der Konfliktlösungsbaum und die weiteren Werkzeuge der Theory of Constraints werden im Kapitel 11.1.1 noch ausführlich dargestellt.

9 IT-PROJEKT / SOFTWAREENTWICKLUNGSPROJEKT

9.1 Aktivitäten / Phasen eines Softwareprojektes

Einen eindeutigen Ablauf oder ein standardisiertes Verfahren für alle Softwareentwicklungsprojekte (Softwarelifecycle) gibt es nicht und kann es auch nicht geben, da die Unterschiede eines jeden einzelnen Softwareprojektes zu groß sind. Bedingt durch diese Unterschiede gibt es keine einheitliche Basis und dies ist wiederum Ursache für die vielen vorliegenden Probleme in den unterschiedlichen IT-Projekten. Grundsätzlich gibt es eine Vielzahl von unterschiedlichen Namen bzw. Benennungen der einzelnen Abschnitte im Rahmen eines Softwareprojektes. Folgende Aktivitäten sind üblicherweise im Laufe der Software-Entwicklung durchzuführen. Jeder dieser Schritte ist im Normalfall zumindest einmal zu durchlaufen. Von Besonderheit ist der Schritt Wartung: Dieser ist ggf. separat abzugrenzen, hier kommt es dann letzten Endes auf die vertraglichen Regelungen wie z.B. Gewährleistungsfristen an. Aber für die vertragliche Mindestlaufzeit ist auch diese Phase zu berücksichtigen.

- **Anforderungsanalyse:**
  Die Anforderungen des Kunden müssen vollständig, widerspruchsfrei und prüfbar festgehalten werden. Dies wird in Form eines Pflichtenheftes dokumentiert.

- **Systemarchitektur:**
  Der Aufbau des zu entwickelnden Systems ist in grober Annäherung schon in einer sehr frühen Phase zu planen. Dies ermöglicht es zu erkennen, welche Schnittstellen entwickelt werden müssen, an welchen Stellen mit Standard oder Zukaufsoftware gearbeitet werden kann und ob es sinnvoll ist, Individual-Systeme oder Sub-Systeme zu entwickeln (d.h. Teilprojekte zu initiieren).

- **Konzeption:**
  Bei der Konzeption des Systems ist darauf zu achten, dass die Benutzerschnittstelle vollständig beschrieben wird, dass sämtliche wichtigen Schnittstellen und Datenstrukturen vollständig beschrieben und sämtliche Geschäftsprozesse und deren Regeln abgedeckt werden.

- **Codierung:**
  Erst nachdem die Anforderungen für das zu entwickelnde System vollständig erfasst und in ein Konzept eingebracht sind, wird mit der Codierung (Programmierung) be-

gonnen. Dabei ist ein gut kommentierter und übersichtlicher Programmcode zu entwickeln. Weiterhin müssen sinnvollerweise bestehende Programmierrichtlinien beachtet werden.

- **Test:**
  Während und nach der Codierung ist der entwickelte Code zu testen. Dies umfasst den Unit-Test, der in der Regel durch die Entwickler selbst durchgeführt wird, den Systemtest, den Integrationstest und Belastungstests, die in der Regel von speziellen Testteams durchgeführt werden. Diese Tests sind Bestandteil der analytischen Qualitätssicherung.

- **Abnahme:**
  Die Abnahme bildet einen wichtigen Meilenstein in der Software-Entwicklung. Sie schließt den Entwicklungsprozess ab. Der Projektauftraggeber prüft, ob all seine Erwartungen an das System erfüllt sind und bestätigt dies schriftlich ("System abgenommen", "System mit Einschränkungen abgenommen" - d.h. Nacharbeit -, "System nicht abgenommen").

- **Inbetriebnahme:**
  Die Inbetriebnahme erfolgt in der Regel erst nach der erfolgreichen Abnahme und gehört zwar nicht direkt zur Software-Entwicklung, wird jedoch in vielen Projekten mit Unterstützung der Software-Entwickler durchgeführt und ist Bestandteil des Projektes.

- **Wartung:**
  Wenn das System einige Zeit produktiv gelaufen ist bzw. sobald es sich im Betrieb befindet, kann und muss es regelmäßig gewartet bzw. weiterentwickelt werden. Auch diese Aktivitäten müssen den Regeln der Codierung folgen und mittels eines Änderungswesens und Konfigurationsmanagements koordiniert werden.

Anmerkung: Die Begriffe des Software-Engineering sind (leider) nicht genormt. Sowohl die Inhalte als auch die Bezeichnungen der einzelnen Schritte können variieren. Die oben aufgeführten Aufgaben jedoch sind in der Regel fester Bestandteil von IT-Projekten (vgl. auch Balzert 2004, Lehrbuch der Softwaretechnik Band 1 und 2).

9.2 Beispiel aus der Informatiklehre

Da die Erstellung und Wartung von komplexer Software aufwendig ist, erfolgt die Entwicklung i.d.R. anhand eines strukturierten Planes. Dieser Ablauf (auch häufig als Vorgehensmodell bezeichnet) unterteilt den Entwicklungsprozess in überschaubare, sowie zeitlich und inhaltlich begrenzte Phasen. Die Software wird somit Schritt für Schritt fertig gestellt. Die Phasen sind während des ganzen Entwicklungsprozesses eng miteinander verzahnt. Im Folgenden wird zur Veranschaulichung als Beispiel die Darstellung nach Balzert aufgeführt.

Abbildung 8 - Entwicklungsprozess (vgl. Lehrbuch der Software-Technik. Band 2. Elsevier-Verlag, 2004)

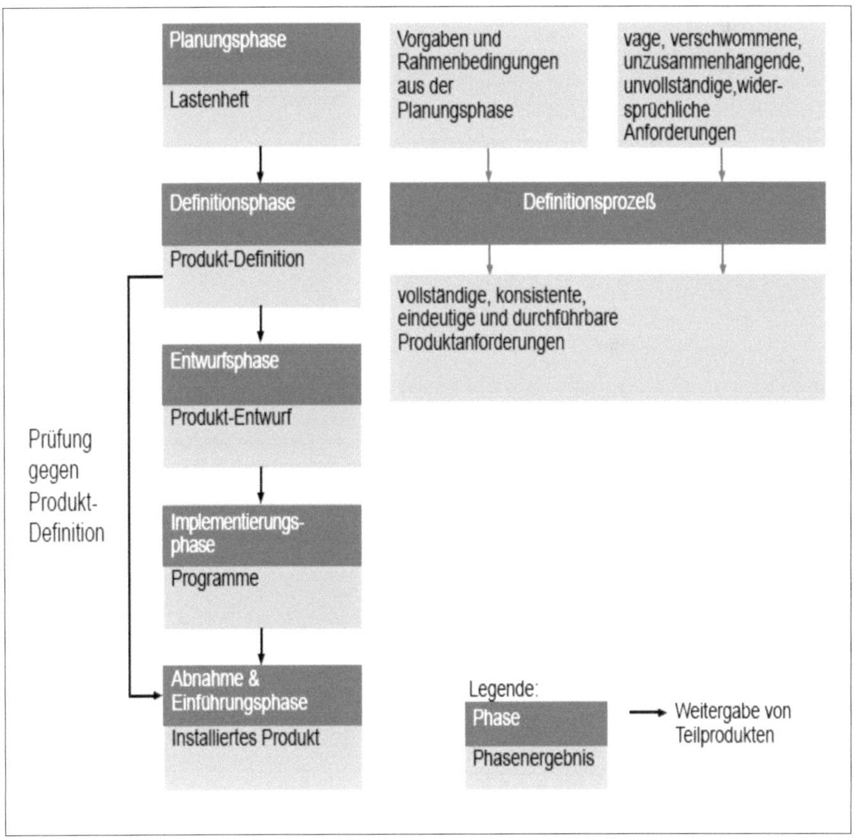

9.3 Beispielhafter Ablauf eines IT-Projektes bei der T-Home

Als Beispiel aus der Praxis wird hier der Ablauf eines Projektes bei der T-Home, (Tochter der DTAG) gezeigt. Die Vorgabe durch den KP 14 C (Kernprozess 14 Consumer-Bereich) umfasst alle notwendigen Schritte von der Annahme der Kundenanforderungen über die Konzeption und Realisierung bis hin zum Betrieb der IT-Lösung. Der Kernprozess 14 C dient somit als Leitfaden für die systematische Entwicklung und Einführung sowie den Betrieb der IT-Anwendungen. Der KP 14 C basiert auf dem Managementhandbuch des Unternehmens T-Home und beschreibt die einzelnen Tätigkeiten in einer detaillierteren Form.

Zielsetzung des KP 14 C ist es, diese geschäftlichen Anforderungen möglichst in bestehende Standardprozesse und IT-Anwendungen zu integrieren.

Abbildung 9 - Kernprozess 14 C (Firmenintranet T-Home, 2008)

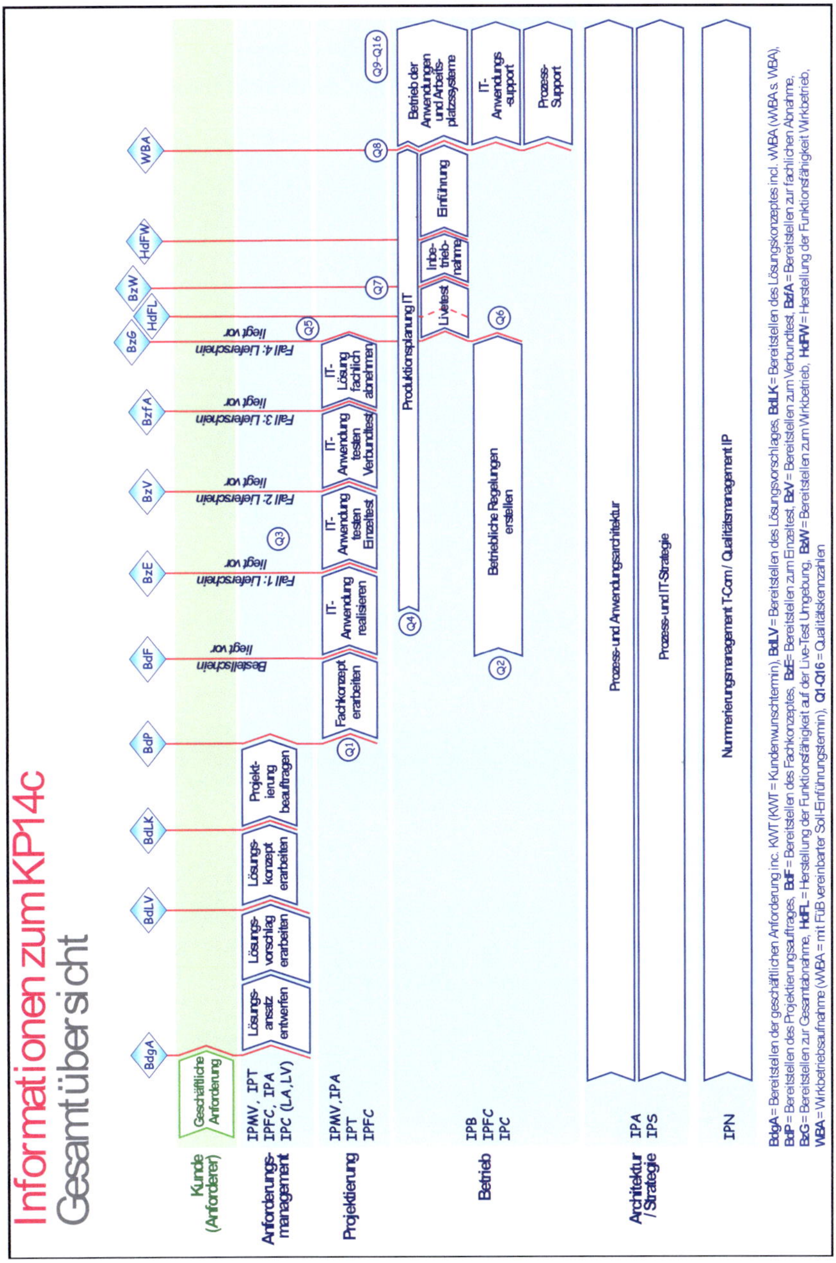

9.4 Beispielhafter Ablauf eines IT-Projektes bei der T-Systems

Bei der T-Systems System Integration wurde als Rahmen für Softwareentwicklungs-projekte das so genannte SE-Book entwickelt. Im Rahmen des SE-Books wird der Entwicklungsprozess mit seinen Teilphasen ausführlich beschrieben.

Das Projektmodell beschreibt den Rahmen für Struktur, Organisation und Vorgehen in Software-Entwicklungsprojekten. Es ist der Leitfaden für die Planung und Grundlage zur Aufwandsabschätzung in Projekten und stellt eine Ergänzung zum PM-Book, basierend auf PMI dar. Die Module Anforderungsanalyse, Spezifikation, Systementwurf, Programmierung, Integration bis hin zur Einführung beschreiben die einzelnen Entwicklungsphasen im Projekt. Die Module Konfigurationsmanagement, Software-Entwicklungsumgebung und Qualitätssicherung behandeln Querschnittsaufgaben zur Unterstützung des Entwicklungsprozesses.

Das Unternehmen T-Systems ist bestrebt, nach CMMI zertifiziert zu werden. Daher ist diese ausführliche Beschreibung aller Prozessschritte notwendig. In Abbildung 10 ist der Prozess der T-Systems noch einmal grafisch dargestellt.

Abbildung 10 - PM-Prozess der T-Systems (Firmenintranet T-Systems, 2008)

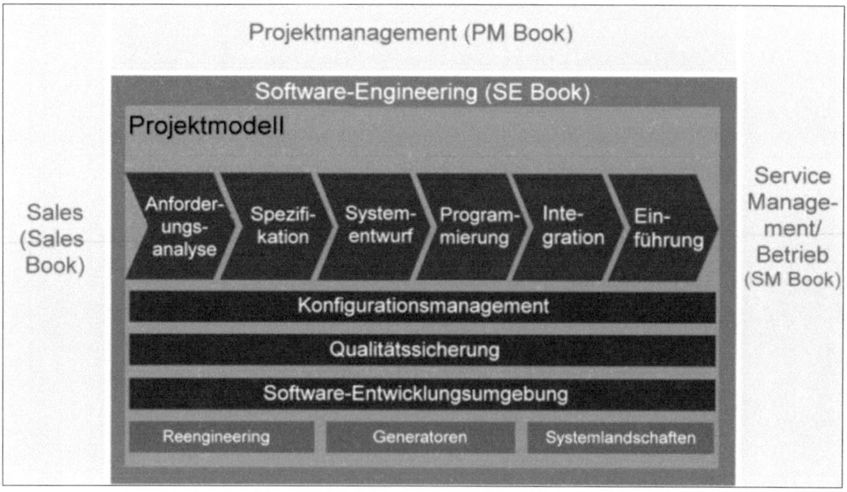

9.5 Basisziele im Rahmen der Softwareentwicklung

Im Rahmen eines Softwareentwicklungsprojektes gilt es neben den terminlichen und finanziellen Zielen auch den Funktionsumfang und die Softwarequalität sicherzustellen. Die wesentlichen Basisziele für eine akzeptable Softwarequalität nach DIN ISO 9126 sind:

- Die **Funktionalität:** Korrektheit, Angemessenheit, Interoperabilität, Ordnungsmäßigkeit, Sicherheit
- **Zuverlässigkeit:** Reife, Fehlertoleranz, Wiederherstellbarkeit
- **Benutzbarkeit**: Verständlichkeit, Bedienbarkeit, Erlernbarkeit, Robustheit
- **Effizienz:** Wirtschaftlichkeit, Zeitverhalten, Verbrauchsverhalten
- **Wartungsfreundlichkeit:** Analysierbarkeit, Änderbarkeit, Stabilität, Testbarkeit
- **Übertragbarkeit:** Anpassbarkeit, Installierbarkeit, Konformität, Austauschbarkeit

Diese Basisziele können auf jedes Softwareprodukt / auf jede Software als solche angewendet werden (vgl. Balzert, 2004).

9.6 Fazit Softwareentwicklungsprojekte

Unabhängig davon welches Vorgehensmodell nun konkret gewählt wird, das Ergebnis anhand der hergestellten Software ist immer an den bereits aufgeführten Basiszielen zu messen. Welche Variante eines Vorgehens in welcher Art von Projekt den Projekterfolg am besten absichert, ist offen. Alleine hier aufgeführt sieht man schon drei unterschiedliche Rahmen, wie sie in solchen Projekten vorkommen können; darüber hinaus gibt es einige weitere Abläufe, auf die erst zum Teil bei den agilen Methoden eingegangen wird.

Interessant ist, dass auch innerhalb eines Konzerns wie der Deutschen Telekom AG (DTAG) schon verschiedene Prozesse zur Abwicklung von IT-Projekten eingeführt wurden. Generell bleibt festzuhalten: Es ist wichtig, dass sich Projektmanager und Projektmitarbeiter in der Materie des jeweiligen Projektes auskennen und in der Lage sind, das für die jeweils angetroffene Situation beste Vorgehen aus den bekannten Methoden des Projektmanagements für dieses Vorhaben zu adaptieren.

10 SITUATION IN IT-PROJEKTEN

10.1 Situation in IT-Projekten generell

Der generelle Kostendruck macht auch vor der IT-Industrie bzw. den IT-Projekten nicht Halt. Deshalb steht in der heutigen Zeit die Industrialisierung der IT im Mittelpunkt. Die Fertigungstiefe der Abteilungen sinkt und die Rolle des IT-Leiters / IT-Projektleiters verändert sich. Von ihm wird zunehmend verlangt, in wirtschaftlichen Dimensionen zu denken und IT-Lösungen für Geschäftsprobleme zu finden. Derzeit häufig noch zwischen den unterschiedlichen Interessengruppen (Anforderern) stehend, versucht der Manager den neuen Anforderungen gerecht zu werden und seine Abteilung bzw. Projekte und die damit verbundenen Leistungen entsprechend umzustrukturieren. Dies gelingt allerdings oft nur zum Teil. Während die Service-Prozesse nach und nach standardisiert werden z.B. IT Infrastructure Library (ITIL), lassen viele IT-Leiter Governance-Maßnahmen außer Acht und erstellen einen Business Case nur dann, wenn er explizit verlangt wird (vgl. CapGemini, 2007).

Damit fehlt ihnen oft die Grundlage, um übergreifendes Portfolio-Management zu verargumentieren und die Projekte gemeinsam mit der Geschäftsleitung zu priorisieren. Als Folge haben die meisten zu viel zu tun, schließen eine Menge Projekte zu spät ab und überziehen das Budget (vgl Goldratt, 1997). Auch einfache Grundlagen zur Standardisierung im Projektmanagement sind oft nicht vorhanden. Die Industrialisierung der IT beinhaltet auch, dass immer mehr Leistungen zugekauft werden. Mit Fokussierung auf die Kostenvorteile von Dienstleistern in Indien, Brasilien oder auch China, lagern die meisten Unternehmen Teile der Leistungserstellung aus (vgl. EUI Studie, 2007). Die Sprachprobleme und die kulturellen Unterschiede zu diesen Ländern werden ebenso unterschätzt wie das Fehlen von Standards. Es wurden also in den meisten Fällen mit einem solchen Ansatz weder Kosten- noch Ressourcenvorteile geschaffen, noch wurde die Umsetzungsgeschwindigkeit in den einzelnen Projekten erhöht, oft ist eher das Gegenteil der Fall. Gerade deshalb ist es eigentlich verwunderlich, dass nicht mit gleichem Engagement an neuen Ansätzen gearbeitet wird. Die Auseinandersetzung mit neuen Management- bzw. Projektmanagementansätzen wie eben z.B. Critical Chain Management fand bislang hauptsächlich in der Theorie statt. Gerade durch die Industrialisierung der IT würde sich aber die Möglichkeit bieten, die Vorteile von Critical Chain Projektmanagement, wie sie in produzierenden Branchen durchaus erzielt wurden, zu nutzen. Im Vorfeld bedarf es aber der Schaffung eines professionellen Rahmens zur Abwicklung von Projekten. Die Aspekte Time to Market und Geschwindigkeit als Kostenvorteil wurden aber im Zuge der Offshorerisierung deutlich vernachlässigt. Vor allem für IT-

Dienstleister, deren Kunden in erster Linie kein Englisch sprechen und somit sowohl Ergebnisse als auch Beistellungsleistungen nur in der ihnen vertrauten Sprache akzeptieren können, wäre ein solcher Ansatz die Chance, Kostenvorteile oder Alleinstellungsmerkmale zu erzielen.

Neueste Trends lassen auch erkennen, dass genau hier der Hebel für unternehmerischen Erfolg zu suchen ist. Nach etlichen Jahren des enormen Kostendrucks auf die IT ist mittlerweile das Wirtschaftsklima wieder in Richtung Wachstum und Expansion umgeschlagen (vgl. EUI Studie, 2007).

Diese neu erwachte globale Wirtschaftsdynamik zwingt Unternehmen dazu, sich möglichst schnell auf sich laufend ändernde Rahmenbedingungen einzustellen. Der IT kommt in dieser Situation eine Schlüsselrolle zu, da sie heute praktisch alle Geschäftsprozesse unterstützt. Statt Sparzielen zu folgen, muss sie nun auf eine neue Gangart umschalten und möglichst schnell Projekte realisieren und Services bereitstellen, damit die Unternehmen die gesetzten Wachstumsziele erreichen.

Schnelle IT-Projekte verbessern also den Geschäftserfolg - dies wird auch in der Studie „IT at the Speed of Business“ deutlich, die die Economist Intelligence Unit (EIU) im Auftrag von HP Software im Jahr 2007 durchgeführt hat. Im Rahmen dieser Untersuchung gaben weltweit etwa 1100 IT-Verantwortliche Auskunft über die Reaktionsgeschwindigkeit und Flexibilität ihrer IT und dem damit verbundenen Unternehmenserfolg.

Der grundsätzlichen Frage, ob eine schnellere Bereitstellung von IT-Diensten auch den Profit des Unternehmens signifikant verbessern würde, stimmte die Mehrheit der Technologie-Führungskräfte zu: Weltweit waren es 62 Prozent, und unter den deutschen IT-Managern erachteten sogar 71 Prozent die Geschwindigkeit ihrer Initiativen als einen zentralen Erfolgsfaktor für das Unternehmen. Die Botschaft für die IT ist klar: Ein Unternehmen, das sein Geschäftsmodell umsetzen, ein neues Produkt vorstellen oder auf ein Sicherheits- oder Geschäftsrisiko reagieren möchte, muss sich auf schnelle, agile Projekte und Services verlassen können.

Setzt man diese Botschaft konsequent um, müsste es basierend auf den bisherigen Erkenntnissen aus Projekten mit hohen Offshoreanteilen zur Kosteneinsparung eigentlich lauten: Innovationen finden statt Kosten einsparen. Eine Innovation kann durchaus die Entwicklung oder Anwendung eines neuen Verfahrens zur schnelleren Umsetzung von Projekten sein. Man spricht dann von einer so genannten Organisationsinnovation (vgl. Bodmer, Christian Skript Modul 2, 2006).

Gerade in dem Bewusstsein, dass es in Offshoreprojekten erhebliche Zeitverluste durch die verschiedenen Zeitzonen, Sprachbarrieren und letzen Endes auch die Angst der lokalen Mitarbeiter vor einem drohenden Jobverlust gibt, sollten IT-Dienstleister, die in erster Linie ein wie oben beschriebenes Kundenumfeld haben, auf neue Ansätze wie CCPM bzw. generell Optimierung der Durchlaufzeiten setzen. Als Beispiel kann ich hier den eigenen Auftraggeber aufführen; rund 70% - 80% aller Projekte wickelt die T-Systems Systems Integration für Fachbereiche der Deutschen Telekom ab. Gerade im Konkurrenz behafteten schnelllebigen Telekommunikationsmarkt könnten durch Fokussierung auf schnelle Umsetzung von IT-Vorhaben deutliche Vorteile auf beiden Seiten erzielt werden. Für den Kunden rechnet sich der Verzicht auf den Einsatz von Offshorekräften durch die kurze Projektlaufzeit und zusätzlich durch die somit frühere Markteinführung z.B eines neuen Produktes oder Produktbundles.

Die bisherige Erfolgsformel -> Erfolg = Akzeptanz * Qualität (Quelle: Sterrer Skript Modul 1, 2006) müsste vor dem Gesichtspunkt des Zeitdrucks erweitert werden. Die Formel für den Erfolg wird sich dann in eine Richtung entwickeln, die dann lauten könnte:

- **Erfolg = (Akzeptanz*Qualität) / Dauer der Umsetzung**.

Gerade das Beispiel der Deutschen Telekom mit Ihrer Vielzahl von eng miteinander verknüpften Projekten wäre von der Theorie her ideal zur Realisierung hoher Wirkungspotentiale mittels CCPM, denn gerade im Programm- oder Multiprojektmanagement liegen die großen Vorteile dieses Ansatzes. In der Praxis würde eine solche Umsetzung aber ein erhebliches Veränderungsprojekt (Changemanagement) voraussetzen, bei dem alle Beteiligten informiert und eingebunden werden müssten, man spricht auch davon, Beteiligte zu Betroffenen machen (vgl. Schell, 2004) (siehe dazu auch Kapitel 14).

10.2 Bisherige alternative Projektmanagementansätze in der IT

Die bisherigen alternativen Ansätze in IT-Projekten haben alle gemein, dass kein ganzheitlicher Ansatz des Projektmanagements, der alle Facetten dieser Disziplin umfasst und in dessen Rahmen auch die formalen Anforderungen alle berücksichtigt werden, beinhaltet ist. Letzten Endes entstand die agile Softwareentwicklung bzw. das agile Projektmanagement Ende der 90er Jahre als Gegenbewegung zu den oftmals doch sehr starren und teilweise auch überreglementierten Ansätzen aus den 80ern bzw. frühen 90er Jahren zum Projektmanagement (vgl. Oestereich, 2007). Teilweise können diese agilen Verfahren allerdings auch nicht genutzt werden, sofern es um öffentliche Ausschreibungen oder ähnliches geht. Es ist deshalb für IT-Dienstleister sehr wichtig einen Ansatz zur grundlegenden Veränderung zu untersuchen und ggf. einzuführen. Dieser Ansatz muss die formale Methodik des Projektmanagements und die hohe Flexibilität der agilen Ansätze vereinen. Im Folgenden werden die bekanntesten der agilen Projektmanagementansätze vorgestellt.

10.3 Agile Softwareentwicklung

Wie oben schon erwähnt, entstand die agile Softwareentwicklung aus einer Art Protest gegen zu starre Regeln, Vorgaben, etc. Der Wunsch war, die Vorteile aus definierten Regeln und einer notwendigen Freiheit zu vereinen. Die wichtigsten Prinzipien der agilen Softwareentwicklung, die sich aus dem im Jahre 2001 von einer Gruppe um Kent Beck & Alistar Cockburn ins Leben gerufene agile Manifest (www.agilemanifesto.org) ableiten lassen, sind (vgl. Oestereich / Weiss, 2008):

- Höchste Priorität hat die Kundenzufriedenheit durch frühe und kontinuierliche Lieferung von nutzbarer Software.
- Anforderungen können auch in fortgeschrittenem Projektstadium noch geändert werden.
- Die Software wird inkrementel und in kurzen Iterationen erzeugt.
- Fach- bzw. Prozessexperten und Entwickler arbeiten Hand in Hand.
- Kommunikation mit Mitarbeitern und Kunden findet auf effektivstem Weg, in direkten persönlichen Gesprächen statt.
- Die Funktionalität der Software ist die wichtigste Kenngröße im Projekt.
- Konsequentes Streichen von Anforderungen, die als nicht wesentlich angesehen werden.
- Regelmäßige Reflektion der Entwicklungsarbeit direkt durch die Entwickler.

Es gibt heute kein agiles Standardverfahren; je nach Situation werden unterschiedliche Ansätze zum Einsatz kommen, die auch den Rahmen für das so genannte agile Projektmanagement bilden. Beispielhaft hier aufgeführt ein Modell zur Abwicklung von Oose (Abbildung auf der Folgeseite).

Abbildung 11- Agiles PM nach Oose (Oestereich / Weiss, Seite 4)

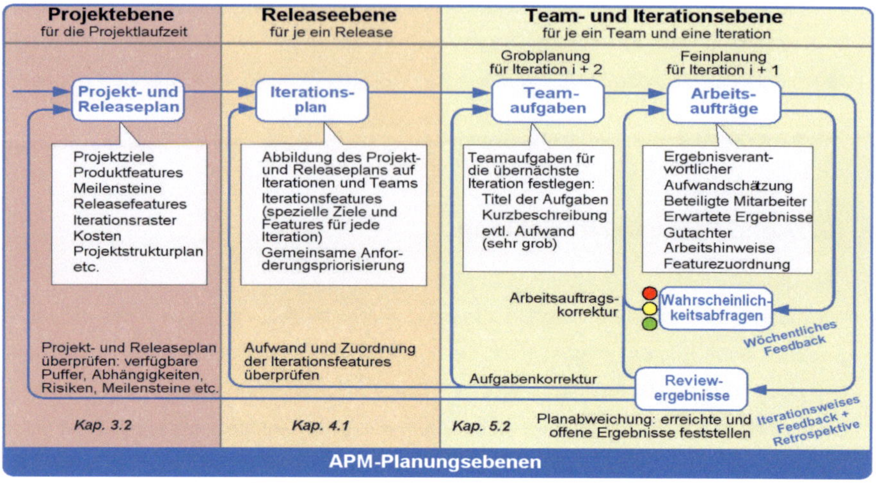

10.4 Agiles Projektmanagement

Performancesteigerungen in IT-Projekten werden zumeist mit den Begriffen Agil bzw. Agilität gleichgesetzt. Mit dem Adjektiv „agil" wollen die Vertreter der „agilen" Prozesse bzw. des „agilen" Projektmanagements zum Ausdruck bringen, dass sie Management und Steuerung von Projekten und Prozessen sehr dynamisch und flexibel gestalten wollen. „Agil" ist dabei der Nachfolgebegriff von „leicht" oder „leichtgewichtig" und soll die positiven Aspekte geringerer Führungsintensität deutlicher herausheben (vgl. Oestereich / Weiss, 2008).

Agiles Projektmanagement ist ein branchenspezifisches, für Software-Projekte entwickeltes Handlungsmodell. Das Grundprinzip des agilen Projektmanagements ist der weitgehende Verzicht auf umfangreiche Vorgehensmodelle, wie es z.B. das V-Modell des Bundes ist. Stattdessen bietet es Methoden im Baukastenprinzip an, die je nach Anforderungen eingesetzt werden. Darüber hinaus betont es die Bedeutung von Vorbildern und benennt diese mit "best practices", ohne allerdings über explizite Benchmarking-Methoden zu verfügen (vgl. Oestereich / Weiss, 2008). Die Motivation für die Formulierung agiler Vorgehensweisen in der Softwareentwicklung kommt aus einer Reihe von Rahmenbedingungen, die herkömmliche Projektplanung als zu träge und starr erscheinen ließen. Die sehr hohe Innovationsgeschwindigkeit im IT-Bereich erzwingt entsprechend schnelle Produkt- bzw. Projektzyklen. Kunden und Markt sind nicht mehr in der Lage, eigene Anforderungen zu definieren, sondern reagieren nur noch auf die Präsentation neuer technischer Möglichkeiten und Produkte. Die Erstellung von Software ist für sich bereits ein hoch strukturierter Prozess, so dass die Notwendigkeit von systematischem Projektmanagement für Software-Entwicklungsprojekte oftmals nicht erkannt wird (vgl. Oestereich / Weiss, 2008).

Erste Ansätze als leichtgewichtig bezeichnete Softwareentwicklungsprozesse, wie z.B. das so genannte Extreme Programming (XP), lehnten Vorgehensmodelle vollständig ab und konzentrierten sich unmittelbar auf die Erstellung eines ablauffähigen Codes gemäß den jeweiligen Anforderungen des Auftraggebers (vgl. Seibert, 2007).

Grundprinzip bei allen agilen Ansätzen ist das Arbeiten in kurzen Iterationszyklen, bei denen jeweils der Auftraggeber mit dem vorläufigen Ergebnis konfrontiert wird und entsprechende Teilabnahmen erteilt oder Änderungsanforderungen definiert werden. Dadurch entsteht die Spezifikation des Produktes erst im Laufe des Projekts selbst, zu Beginn liegt oft nur eine grobe Aufgabenstellung vor.

Während am Anfang des agilen Projektmanagements also die Einbindung des Kunden in den Entwicklungsprozess mit einer sehr offenen Gestaltung des Konfigurationsmanagements stand, so sind mittlerweile die Bereiche Risiko- und Qualitätsmanagement weitere wesentliche Bestandteile geworden. Indem immer mehr an traditionellen Methoden und Aspekten des Projektmanagements in die agile Vorgehensweise integriert wird, verschwimmt die Abgrenzung zwischen beiden Projektmanagement-Auffassungen immer mehr (vgl. Oestereich / Weiss, 2008). Agiles Projektmanagement entwickelt sich daher eher zu einer inneren Haltung oder einem Führungsmodell für Software-Projekte.

Von den Verfechtern des agilen Projektmanagements werden die hier folgende Aspekte besonders betont (vgl. Oestereich / Weiss, 2007):

- Offenheit für Änderungen statt Festhalten an starren Vorgaben
- Ergebnisorientierung anstelle von Prozessorientierung
- Kommunikation statt Dokumentation
- Vertrauen statt Kontrolle
- Untereinander die „best practices“ austauschen und etablieren statt zentral Anforderungen festschreiben
- Kontinuierliche Überprüfung von Risiken durch alle Beteiligten

- Denken im Ganzen! Entscheiden und Handeln im Kleinen
- Kurze Iterationen statt langer Projektphasen
- Schätzungen der Wahrscheinlichkeit der Zielerreichung statt Ermittlung von Restaufwänden
- Reviews statt Zahlenkolonnen
- Schnelles Feedback statt endlose Abnahmetests
- Plankorrektur statt ad-hoc-Reaktionen

Mit der aus diesen Punkten sprechenden, mehr oder weniger offenen Ablehnung von systematischem Projektmanagement, definiert sich agiles Projektmanagement auf der Skala des Project Management Maturity Models (CMMI) in etwa zwischen den Stufen eins und zwei. Es eignet sich daher ausgezeichnet, um Spezialisten (nicht nur Informatiker) an systematisches Projektmanagement heranzuführen. Erst wenn die Projektmitarbeiter die Voraussetzungen für agiles Projektmanagement erfüllen (Kommunikationsfähigkeit und -bereitschaft, Selbstverantwortlichkeit, aktive Beteiligung am Projekt, Kundenorientierung usw.), können die nächsten Stufen, zur Annäherung an systemisches Projektmanage-ment, erreicht werden. Am ehesten dürfte im Moment noch Scrum an systemisches Projektmanagement heranreichen.

Nichtsdestotrotz wird im Folgenden auf die bekanntesten Ansätze des agilen Projektmanagements eingegangen werden, da auch bei diesen Ansätzen der Fokus auf Flexibilität und Performancesteigerung gelegt wurde.

10.5 Bekannte Ansätze Projektmanagement in der SW-Entwicklung

10.5.1 Scrum

Scrum basiert im Wesentlichen auf der These, dass es Sinn macht, ein großes Projekt in mehreren Inkrementen zu entwickeln. Dabei wird von Anfang an eine Priorisierung der Anforderungen eingefordert und die Abarbeitung orientiert sich auch an diesen.

Worin sich Scrum von diversen anderen Vorgehensmodellen unterscheidet, ist die Tatsache, dass nicht nur Meilensteine in der Entwicklung gesetzt werden, sondern dass die Qualität eines Meilensteins jeweils so definiert ist, dass vom Auftraggeber (bei Scrum der Product Owner) immer erwartet werden darf, dass in der abgeschlossenen Iteration (Sprint) die fertig gestellte Funktionalität in sich abgeschlossen und produktiv einsetzbar ist (vgl. Oestereich / Weiss, 2008). Dazu gehören auch die Dokumentation im notwendigen Umfang und die entsprechenden Tests.

Ein weiterer Vorteil des inkrementellen Entwickelns liegt darin, dass man anhand eines fertigen Stücks Software, sei es auch noch so klein, bereits früh Tendenzen für die Machbarkeit eines umfangreichen Projekts, die Tragfähigkeit einer Architektur, die Korrektheit oder Unkorrektheit von Technologieentscheidungen, die richtige oder falsche Interpretation der fachlichen Anforderungen durch das Projekt-Team und, im Falle von Client-Anwendungen, die Usability von Benutzerschnittstellen, erkennen kann. Somit ist es möglich, Fehlentwicklungen zu erkennen, bevor sie eine Menge Geld verschlingen, Entscheidungen ggf. frühzeitig zu korrigieren, Konzepte anzupassen und nicht zuletzt auch frühzeitig Anwender-Feedback einzuholen.

Die optionale Entscheidung zur Produktivsetzung eines beliebigen Inkrements durch den Product Owner bedeutet auch einen frühen Return on Investment (ROI) für wichtige Kernbereiche der entwickelten Applikation (vgl. www.scrummaster.de, 2008). Der Entwicklungszyklus in Scrum kann durch die drei Folgenden Begriffe zusammengefasst werden:

1. **Apply**: Frühzeitiges anwenden, Funktionen frühzeitig entwickeln, aktiv eine Idee umsetzen und damit überprüfbare Fakten schaffen

2. **Inspect**: Prüfen, kritische Erfolgskontrolle, Fehler in Produkt und Prozess analysieren

3. **Adapt**: Anpassen, Spezifikation präzisieren, Prozess verbessern ggf. alternativ vorgehen, auch mal wieder Abstand von einer bereits entwickelten Funktion nehmen (verwerfen).

Scrum kennt drei Rollen für direkt am Prozess Beteiligte: Erstens: Der Product Owner (stellt fachliche Anforderungen und priorisiert diese entsprechend), zweitens: Der Scrummaster (Managed den Prozess und beseitigt Hindernisse) und drittens: Das Team (entwickelt das Produkt). Daneben gibt es als Beobachter und Ratgeber noch die verschiedenen Stakeholder des Projektes.

Die Anforderungen (Requirements) werden in einer Liste (Product Backlog) gepflegt, erweitert und priorisiert. Das Product Backlog ist ständig im Fluss. Um ein sinnvolles Arbeiten zu ermöglichen, wird monatlich vom Team in Kooperation mit dem Product Owner ein definiertes Arbeitspaket dem oberen, höher priorisierten Ende des Product Backlogs entnommen und komplett in Funktionalität umgesetzt (inkl. Test und notwendiger Dokumentation). Dieses Arbeitspaket, das Inkrement, wird während der laufenden Iteration, des so genannten Sprints, nicht durch Zusatzanforderungen modifiziert, um seine Fertigstellung nicht zu gefährden. Alle anderen Teile des Product Backlogs können vom Product Owner in Vorbereitung für den nachfolgenden Sprint verändert bzw. neu priorisiert werden (vgl. www.scrummaster.de, 2008).

Das Arbeitspaket wird in kleinere Arbeitsschritte (Tasks) unterteilt und mit dem jeweils zuständigen Bearbeiter und täglich aktualisiertem Restaufwand in einer weiteren Liste, dem Sprint Backlog, festgehalten. Während des Sprints arbeitet das Team konzentriert und ohne Störungen von außen daran, die Tasks aus dem Sprint Backlog in ein Increment of Potentially Shippable Functionality, also einen vollständig fertigen und potentiell produktiv einsetzbaren Anwendungsteil, umzusetzen. Das Team gleicht sich in einem täglichen, streng auf 15 Minuten begrenzten Informations-Meeting, dem Daily Scrum Meeting, ab, damit jeder weiß, woran der andere zuletzt gearbeitet hat, was er als nächstes vor hat und welche Probleme es eventuell. gibt. Am Ende des Sprints präsentiert das Team dem Product Owner, den Stakeholders und anderen. interessierten und relevanten Teilnehmern in einem so genannten Sprint Review Meeting live am System die implementierte Funktionalität. Halbfertiges oder gar Powerpoint-Folien sind während des Reviews verboten. Das Feedback der Teilnehmer und die neuen Anforderungen des Product Owners für den kommenden Sprint fließen dann wieder in das nächste Sprint Planungsmeeting ein und der Prozess beginnt von neuem (vgl. Oestereich / Weiss, 2008).

Der Scrummaster sorgt während des gesamten Prozesses dafür, dass Regeln eingehalten werden und der Status aller Tasks im Sprint Backlog von den jeweils zuständigen Team-Mitgliedern täglich aktualisiert wird. Er verdeutlicht den Projektfortschritt durch einen geeigneten Reporting-Mechanismus: Die Veröffentlichung, so genannter Burndown-Charts, welche den Fortschritt für den aktuellen Sprint bzw. für das gesamte Projekt jeweils in Form einer Kurve visualisieren. Eingezeichnete Trendlinien erlauben es, mögliche Probleme und Verzögerungen einfach und rechtzeitig zu identifizieren (vgl. Oestereich / Weiss, 2008).

Im Kern basiert Scrum also auf einer inkrementellen Vorgehensweise, der Organisation von Entwicklungsabschnitten und Meetings in vordefinierten Zeitabschnitten (Time-Boxes) und der Erkenntnis, dass ein funktionierendes Produkt wichtiger ist als eine dreihundertseitige, niedergeschriebene Spezifikation. Abschließend ist der Ablauf von Scrum anhand einer einfachen Grafik hier noch einmal dargestellt.

Abbildung 12 - Scrum (Quelle: Eigene Schulungsunterlagen)

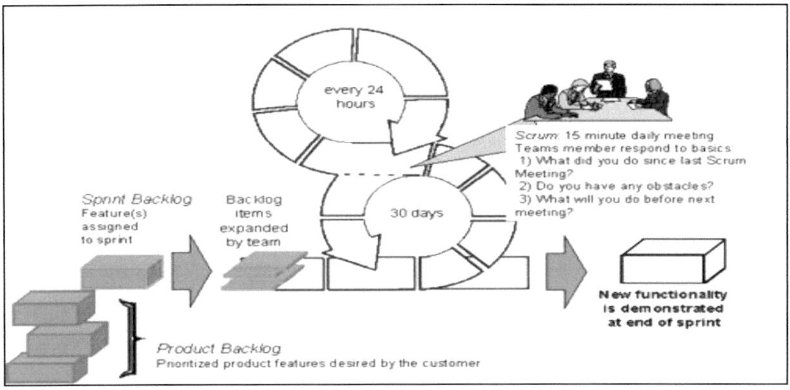

10.5.2 Rational Unified Process - RUP

Der "Rational Unified Process" ist ein bei IBM entwickeltes Vorgehensmodell für die Abwicklung von Softwareprojekten. Der Ansatz nach RUP ist in die vier zeitlich getrennten Phasen Vorbereitung (Inception), Software-Strukturierung (Elaboration), Software-Erstellung (Construction) und Software-Übergabe (Transition) unterteilt.

Die Projektdurchführung ist in Arbeitsprozesse (Workflows), Geschäftsmodellierung (Business Modeling), Anforderungsanalyse (Requirements Engineering), Analyse und Entwurf (Analysis and Design), Implementierung (Implementation), Test, Einsatz und Verteilung (Deployment), Konfigurations- und Änderungsmanagement (Configuration and Change Management), Projektmanagement sowie Entwicklungsumgebung (Environment) gegliedert (vgl. www.306.ibm.com/software/awdtools/rup, 2008).

Abbildung 13 - RUP (Quelle: IBM-Website)

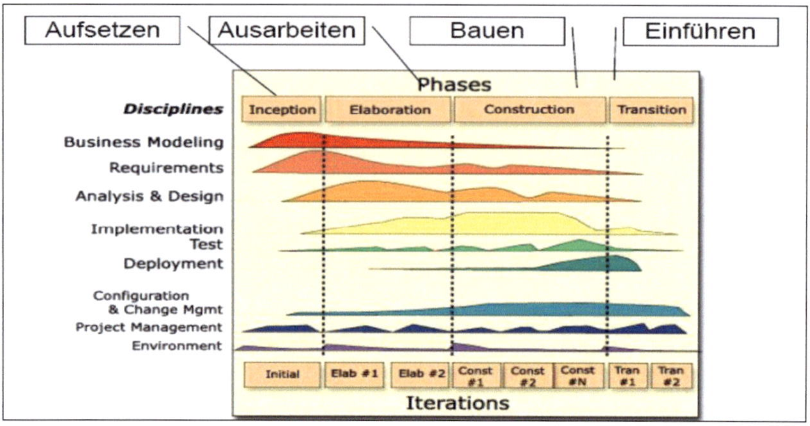

Charakteristisch für den Rational Unified Process sind die sechs so genannten „best practices der Software-Entwicklung:

1. Iterative Entwicklung
2. Anforderungsmanagement / Requirements Management
3. Architekturzentrierte Entwicklung
4. Visuelle Modellierung (in der Regel mit UML)
5. Qualitätssicherung
6. Änderungsmanagement

Vor allem die iterative Entwicklung wird als besonders typisch für den RUP angesehen. Diese ist eine Reaktion auf sich noch während der Entwicklung ändernde Kundenanforderungen und die hohen Risiken von Konstruktionsfehlern. Durch kleine Entwicklungsschritte, deren Ergebnisse sofort auf Funktionalität und Kundenakzeptanz überprüft werden, versucht man, möglichst exakt ein den Kundenanforderungen entsprechendes und möglichst fehlerfrei funktionierendes Produkt zu erstellen (vgl. www.306.ibm.com/software/awdtools/rup, 2008).

Einschränkend bleibt festzuhalten, dass der Ansatz Rational Unified Process (RUP) von vielen Vertretern agiler Methoden als nicht-agiler, schwergewichtiger Prozess aufgefasst wird. Dies ist allerdings umstritten und steht immer wieder zur Diskussion, diese Thematik wird hier aber nicht weiter behandelt.

10.5.3 V-Modell XT

Das ursprüngliche V-Modell stellt den Entwicklungsstandard für IT-Systeme der öffentlichen Verwaltung in Deutschland dar. Es ist für viele Unternehmen und Behörden der Leitfaden für die Organisation und die Durchführung von IT-Vorhaben, wie z.B. für die Entwicklung der zentralen Adressverwaltung des Bundestages, des neuen IT-Systems der Polizei Inpol-neu (ein T-Systems Projekt) oder des Bordradars des Eurofighters. Das ursprüngliche V-Modell ist in Entwicklerkreisen als schwerfällig und bremsend eingestuft. Durch neue Anforderungen wurde das Modell weiter entwickelt und zum V-Modell XT ausgebaut.

In das V-Modell XT (Extreme Tailoring) sind neben neuen Methodiken und Technologien auch umfangreiche Erfahrungen und Verbesserungsvorschläge, die bei der Anwendung des V-Modells gesammelt wurden, eingeflossen. Neben der inhaltlichen Aktualisierung sind dabei insbesondere die folgenden Verbesserungen und Neuerungen enthalten (vgl. Balzert, 2000):

- Vereinfachte projektspezifische Anpassung – Tailoring
- Überprüfbare Stufen für den Projektfortschritt für eine Risiko minimierende Projektsteuerung
- Ausschreibungserstellung, Vergabe und Projektdurchführung durch den Auftraggeber
- Verbesserung der Auftraggeber/Auftragnehmer-Schnittstelle
- Systementwicklung unter Berücksichtigung des gesamten Lebenszyklus des Softwaresystems
- Abdeckung von Hardwareentwicklung, Logistik, Systemsicherheit und Migration
- Einführung und Pflege eines organisationsspezifischen Vorgehensmodells
- Integration von aktuellen (Quasi-)Standards, Normen und Vorschriften
- Schichtenbasierte Darstellung und anwenderspezifischer Zugang zum V-Modell

Mit dem V-Modell XT hat sich auch die zugrunde liegende Philosophie weiterentwickelt. Das neue V-Modell unterscheidet grundsätzlich in Auftraggeber- und Auftragnehmer-Projekte. Nicht wie bisher die Aktivitäten, sondern die Ergebnisse stehen im Mittelpunkt (vgl.

http://www.v-modell.iabg.de, 2008). So beschreibt das V-Modell XT eine ziel- und ergebnisorientierte Vorgehensweise. Diese Grundphilosophie ist an vielen Stellen sichtbar:

- Entscheidungspunkte bei der Strategie zur Projektdurchführung geben den übergeordneten Projektsteuerungsrahmen durch die logische Reihenfolge der Produktfertigstellung vor.
- Detaillierte Projektplanung und Projektsteuerung wird auf der Basis der Bearbeitung und Fertigstellung von Produkten durchgeführt.
- Jedem Produkt ist eine eindeutige und verantwortliche Rolle zugeordnet.
- Die Qualität der Produkte ist durch die Anforderungen an das Produkt und die genaue Beschreibung der Abhängigkeiten zu anderen Produkten prüfbar.

Die IABG brachte in die Weiterentwicklung des V-Modells (Projekt WEIT) das gesamte Know-how aus der Entwicklung aller V-Modell-Vorgängerversionen mit ein. Darüber hinaus bearbeitete sie die Themen Projektmanagement, Anforderungserfassung, Qualitätssicherung, Benutzbarkeit und Ergonomie, Änderungsmanagement, System-sicherheit sowie die Abbildung auf die Standards ISO 15288 und CPM (vgl. http://www.v-modell.iabg.de, 2008). Die folgende Abbildung zeigt noch einmal das neue V-Modell XT.

Abbildung 14 - V-Modell XT (vgl. Balzert, 2000)

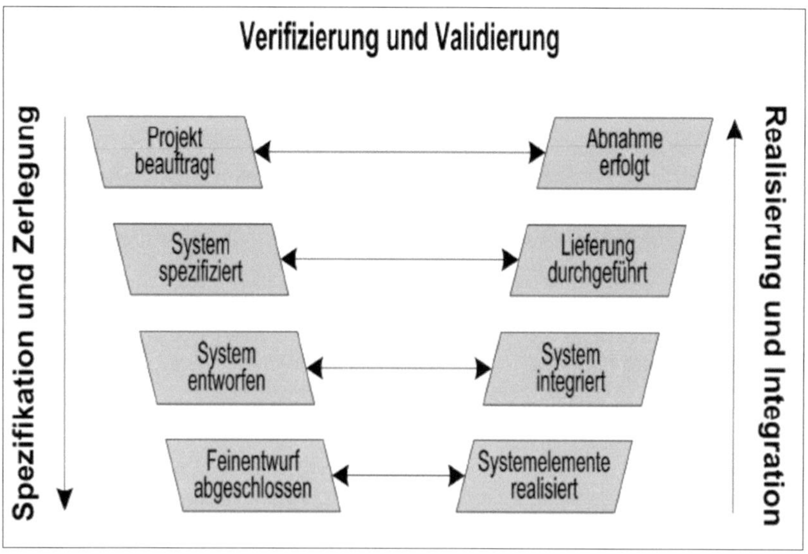

10.5.4 Spiralmodell

Das Spiralmodell ist ein Vorgehensmodell, das im Jahr 1988 von Barry W. Boehm beschrieben wurde. Das Spiralmodell fasst den Entwicklungsprozess im Software-engineering als iterativen Prozess auf, wobei jeder Zyklus in den einzelnen Quadranten die folgenden Aktivitäten enthält (vgl. Balzert, 2004):

- Festlegung von Zielen, Identifikation von Alternativen und Beschreibung von Rahmenbedingungen
- Evaluierung der Alternativen und das Erkennen, Abschätzen und Reduzieren von Risiken
- Realisierung und Überprüfung des Zwischenprodukts
- Planung des nächsten Zyklus der Projektfortsetzung
- Am Ende jeder Windung der Spirale steht ein Betrachten des Projektfortschritts (engl. review). Dabei wird auch der Projektfortgang geplant und verabschiedet.

Die wichtigste Eigenschaft des Spiralmodells ist die möglichst vollständige Risikobetrachtung in jeder Phase des jeweiligen Projektes. Durch das Spiralmodell wird nach Boehm das Risiko eines Scheiterns bei großen Softwareprojekten entscheidend reduziert (vgl. Balzert, 2004).

Abbildung 15 - Spiralmodell (Balzert, 2000)

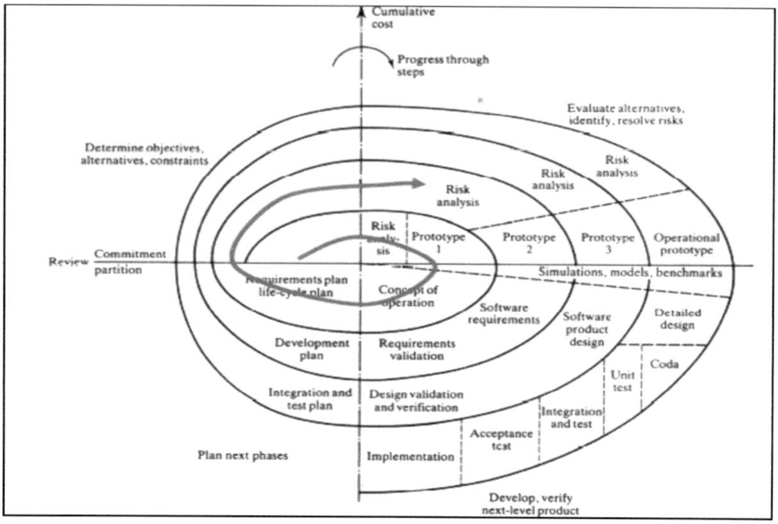

10.5.5 Rapid Application Development

Das Entwickeln von Softwareanwendungen (Application Development) unterscheidet sich vom reinen Programmieren durch Phasen wie Anforderungsanalyse oder Test und Abnahme. Diese vor- und nachgelagerten Phasen werden bei den klassischen Softwareentwicklungsmodellen wie z.B. dem Wasserfallmodell sequentiell durchlaufen. Dies führt sehr oft bei den so genannten Change Requests (nachträgliche Anforderungen), vor allem dann, wenn sie erst während der Umsetzungsphase aufschlagen, zu erheblichen Problemen. Eine Berücksichtigung ist oft nur schlecht möglich. Damit wird der Entwicklungsprozess oft starr und unflexibel. Um die Softwareentwicklungen flexibler zu gestalten und sich an schnell ändernde Anforderungen anpassen zu können, wurde in den 80er Jahren u.a. von Barry Boehm die Idee des Rapid Application Development (RAD) entwickelt (vgl. Mc Conell, 1996).

RAD sieht ein prototypisches Vorgehen vor, bei dem Anforderungen an eine Software gesammelt und möglichst schnell in einen ausführbaren Code umgesetzt werden. Dieser wird dem Auftraggeber in einer relativ frühen Phase vorgelegt, um Missverständnisse bei den Anforderungen sowie hinzugekommene Anforderungen zu identifizieren. Die Änderungen werden in einer weiteren Version implementiert und wiederum vorgelegt. Diese Zyklen werden so oft durchlaufen, bis der Auftraggeber mit der Software zufrieden ist und diese abnimmt.

Der entscheidende Vorteil von RAD wird in der höheren Qualität gesehen: Diese Softwarequalität wird bei RAD definiert als der Zufriedenheitsgrad und die Erfüllung der Anforderungen der Auftraggeber sowie niedrige Wartungskosten. RAD steigert die Qualität nach dieser Definition durch Einbeziehung der Nutzer in Analyse und Designphasen (vgl. Mc Conell, 1996). Die meistgenannten Nachteile sind u.a. geringere Skalierbarkeit durch das prototypische Vorgehen und ein geringerer Leistungsumfang der gelieferten Software, der aus den eng gesetzten Zeitvorgaben der einzelnen Zyklen resultiert.

Aus eigener Erfahrung kann ergänzt werden, dass viele RAD basierte Applikationen zunächst immer nur für eine kurze Laufzeit (max. 2 – 3 Jahre) sozusagen als Zwischen-lösung für den Kunden entwickelt wurden und dann bedingt durch die hohe Kunden-zufriedenheit ein weiterführender Ausbau erfolgte.

Die Applikationen wurden mit der Zeit immer instabiler, da sie zu Beginn nicht für eine längere Laufzeit ausgelegt wurden, um dafür ein einfaches Beispiel zu nennen, ein Vergleich aus dem Bauwesen: Bau eines Hochhauses auf dem Fundament einer Garage. Langfristig sicher keine stabile Konstruktion.

Hieraus lässt sich ableiten, dass eine klassische RAD-Applikation nach einer gewissen Laufzeit dann doch besser neu entwickelt werden sollte.

10.5.6 Extreme Programming - XP

Extreme Programming (XP) ist eine Projektmanagementmethode zur Software-entwicklung, die sich auf den zu erstellenden Quellcode und den kürzesten Weg dorthin konzentriert. Typisch für Extreme Programming ist die enge Verflechtung von Entwicklung und Qualitätssicherung in sehr kurzen Zyklen (Programmierung in Paaren), das Arbeiten in kleinen, flexiblen Teams mit fest definierten Rollen und der beständige Kontakt zum Kunden (Kunde vor Ort) (vgl. Oestereich / Weiss, 2008).

Extreme Programming ist vor allem dann geeignet, wenn stark veränderliche Rahmenbedingungen vorliegen (z.B. Simultaneous Engineering von Software und Hardware) oder aber beispielsweise das Projekt z.B. einen sehr hohen Innovationsgrad hat und die Kosten für Änderungen aber beherrschbar bleiben müssen. Um die erhöhten Projektrisiken abzudecken, wird in der Regel ein Coach eingesetzt (ähnlich dem Scrummaster), der diesem äußerst dynamischen Prozess durch Rahmenbedingungen wie permanentes (zyklisches) Controlling Stabilität verleiht.

10.6 Fazit, bisherige Ansätze

Es gibt natürlich noch weitere Methoden wie Spice, Prototyping, Feature Driven Development (FDD) oder Pair Programming etc. Diese sind nach meiner Einschätzung und in der Literatur aber eher direkt dem Entwicklungsprozess und nicht den Projektmanagementmethoden zuzuordnen. Insgesamt dürfte auf Basis meiner Erkenntnisse und Erfahrungen und den Literaturrecherchen das Vorgehen nach SCRUM noch am besten dem Ansatz einer ganzheitlichen Projektmanagementmethode unter Berücksichtigung der Vorteile der Agilität nahe kommen. Probleme liegen hier dann sicher in der heute typischen Umsetzung mit Festpreisen und in im Vorfeld mittels Verträgen genau abgebildeten Leistungsinhalten.

Letzten Endes hat einmal einer der wenigen deutschsprachigen Scrum-Trainer, Joseph Pelgrine, zum Ausdruck gebracht worin das Problem liegt: „The problem ist the damn fix price“ (Pelgrine 2005). Hiermit wollte Pelgrine zum Ausdruck bringen, dass heute auch die Vertragsgestaltung und die Festpreisbindung für den Auftragnehmer einhergeht mit einem gewissen Flexibilitätsverlust für die Projektabwicklung.

Agile Ansätze wie Scrum sind vermutlich eher für Projekte auf Basis von Dienstleistungsverträgen (Time & Material oder kurz T&M) geeignet bzw. setzen in der Regel eine hohe Mitwirkung des Kunden und eine vertrauensvolle Zusammenarbeit voraus.

11 CRITICAL CHAIN PROJECT MANAGEMENT

11.1 Theory of Constraints / *Constraint Management*

Da sich das Critical Chain Projektmanagement aus der Theory of Constraints bzw. dem Constraint Management entwickelt hat werde ich im Folgenden diese zugrunde liegende Theorie mit ihrer Herkunft bzw. Historie und den wichtigsten Begrifflichkeiten näher erläutern, bevor ich dann auf die wesentlichen Aspekte der CCPM Methode eingehe.

11.1.1 Allgemeines zur Theory of Constraints

Die Theory of Constraints (TOC) ist ein einfaches kybernetisches Modell des wirtschaftlichen Handelns. Es wurde in den 70er und 80er Jahren von Dr. Eliyahu M. Goldratt und Robert Fox als Grundlage ihrer Beratungsarbeit entwickelt und im Jahre 1990 publiziert ("What is this Thing called Theory of Constraints"). Internationale Beachtung fand die Theory of Constraints dann vor allem durch den Wirtschaftsroman "The Goal" ("Das Ziel"), der im Jahre 1994 von Dr. Eliyahu M. Goldratt veröffentlicht wurde. Die Einfachheit des Modells erlaubt die Anwendung in der strategischen Unternehmensplanung bis hin zu operativen Entscheidungsfindungen. Erster Ausgangspunkt ist die Systemdefinition der Kybernetik: Ein System besteht aus Elementen, die miteinander in Wechselwirkung stehen und durch eine Grenze von anderen Elementen und Systemen getrennt sind. Ein weiterer Ausgangspunkt ist die implizite Annahme, dass wirtschaftliche Systeme nur dann erfolgreich sind, wenn sie wachsen. Deshalb konzentriert sich die Theory of Constraints bei ihrer Systemanalyse auf die Grenzen des betrachteten Systems und auf die Frage, wie diese Grenzen erweitert werden können.

Die Grundannahmen der Theory of Constraints sind:

- Jedes System nimmt den ihm nur durch Randbedingungen begrenzten Platz vollständig ein.
- Ein System kann nur wachsen, indem man seine einengenden Randbedingungen beseitigt.
- Wenn eine Randbedingung wegfällt, expandiert das System solange, bis es an eine neue Grenze stößt.

Die dem Modell zugrunde liegenden Messgrößen sind, resultierend aus der ursprünglichen Fokussierung auf die Produktion; Durchsatz, Bestände und Aufwendungen.

Unmittelbar auf die Engpässe (Constraints) konzentriert ist der, aus fünf Schritten bestehende, Grundprozess der Theory of Constraints (vgl. Techt, 2007):

- Identifizierung des Engpasses
- Maximale Nutzung des Engpasses
- Alles auf den Engpass ausrichten
- Verbreiterung des Engpasses bzw. Erhöhung der Engpassressourcen
- Den nächsten Engpass identifizieren und wieder mit Schritt 1 beginnen

Der daraus resultierende Beratungsansatz wird vom "Theory of Constraints Center" (TOCC) (vgl. www.TOC4u.de, 2008) mit Hilfe der folgenden drei Fragen definiert:

- Was müssen Sie ändern? Wo liegen die Ursachen für die Probleme, was ist der Engpass (Flaschenhals) im Projekt, welche Maßnahmen müssen wo angesetzt werden?
- Welchen Sollzustand wollen Sie als Ziel erreicht haben? Wie soll das Gesamtsystem in seiner Komplexität zukünftig aussehen, welche Wirkungen sollen aufgezeigt werden?
- Wie wollen Sie das Ziel erreichen? Wie sollen die Veränderungen in Gang gebracht werden, wie können Nebenwirkungen vermieden werden?

Für einen vollständigen Organisationsentwicklungsprozess müssen der Grundprozess und die drei Grundfragen der Theory of Constraints zu einem umfangreicheren Vorgehensmodell zusammengesetzt werden. Hierfür hat das TOC-Center einen elfstufigen Prozess definiert, dessen Schritte auf der Folgeseite dargestellt sind (vgl. www.TOC4u.de, 2008):

1. Definition der Ziele
2. Schaffen eines breiten Bewusstseins für den Prozess und die Konzepte
3. Identifikation des Durchsatzkanals des Systems
4. Markierung der kritischen Komponenten des gesamten Systems

5. Analyse der Systemkapazität
6. Quantifizierung des Systempotentials und der tatsächlichen Leistung
7. Identifikation der Ansatzpunkte für Hebel
8. Einrichtung von Verbesserungszirkeln
9. Auswahl oder Entwicklung von Lösungen
10. Umsetzung der Lösungen
11. Messen

Dabei werden die Schritte 7 bis 11 ggf. mehrfach durchlaufen, so lange bis das Ziel endgültig erreicht ist.

Im Wesentlichen entspricht dies den Vorgehensweisen von Total Quality Management (TQM) oder Six Sigma. Die Betonung bei dem TOC-Prozess liegt auf der Identifikation kritischer Bestandteile des gesamten Systems (d.h. nicht nur "Constraints"!) und auf Ansatzpunkten für Maßnahmen, die mit geringem Aufwand große Wirkungen erzeugen können (Hebelprinzip).

Wichtigste Methoden in der Theory of Constraints sind die so genannten „Logik-Bäume", die als eine Variante aus Ishikawa-Diagramm, Multiple Cause Diagramm und Funktions-/ Objektmodellierung gelten können. Die genaue Erläuterung finden sie im nächsten Abschnitt.

Die bisherigen Einsatzgebiete von TOC sind Produktionsverbesserung, Prozessoptimierung, Projektmanagement (Critical Chain Project Management) und Marketing. Im Bereich der Softwareentwicklung liegen noch keine größeren Erfahrungen vor.

Gemeinsam ist diesen und ähnlichen Methoden, dass sie eine Kombination aus starker Unternehmensführung und hoher Mitarbeitermotivation voraussetzen. Dies ist auch der Hintergrund für die Publikation der Anwendungen der Theory of Constraints durch Dr. Eliyahu M. Goldratt in den Wirtschaftsromanen „The Goal", „The Race", „Critical Chain" und „It's not Luck", während Veröffentlichungen zum Thema TOC in der Fachliteratur bisher weitaus weniger verbreitet sind. Allerdings beschäftigt sich auch die Fachliteratur schon seit langem mit der Auswirkung von Ressourcen-Einschränkungen auf dem kritischen Pfad. Bekannt ist hier das so bezeichnete Ressource Leveling oder Ressource Allocation, welche zum Beispiel von Harold Kenzner schon 1998 in seinem Buch „Project Management" ausführlich beschrieben wurden (vgl. Oechtering, 2003).

11.1.2 Übersicht der TOC-Denkprozesse

Als wichtigste Elemente im Rahmen der Theory of Constraints gelten die so genannten Denkprozesse, diese sind zusammenfassend in der hier folgenden Tabelle dargestellt (vgl. Techt / Lörz, 2007 und Loebel, 2005).

Tabelle 4 Übersicht der TOC-Denkprozesse

Veränderungsprozess	Denkprozess	Logik
Was soll geändert werden?	Gegenwartsbaum	Sufficient-Cause-Logik
Was soll geändert werden?	Konfliktbaum / Dilemma-Wolke	Necessary-Cause-Logik
Wohin soll die Veränderung führen?	Zukunftsbaum	Sufficient-Cause-Logik
Wohin soll die Veränderung führen?	Vorbehalt der negativen Nebenwirkung	Sufficient-Cause-Logik
Wie soll die Veränderung verursacht werden?	Voraussetzungsbaum	Necessary-Cause-Logik
Wie soll die Veränderung verursacht werden?	Umsetzungsbaum	Sufficient-Cause-Logik

11.1.3 Die zugrunde liegenden Logiken der TOC-Denkprozesse

Die den einzelnen Denkprozessen und deren Verbindung zugrunde liegenden Logik-Konzepte als Kern der TOC-Denkprozesse sind die so genannte „Necessary-Cause-Logik" und die „Sufficient-Cause-Logik". Von „Necessary-Cause-Logik" wird dann gesprochen, wenn ein Ursache-Wirkungs-Zusammenhang in der folgenden Form dargestellt wird: „Um Punkt 1 zu erreichen, muss ich vorher Punkt 2 erreicht, getan oder sichergestellt haben". Die Necessary-Cause-Logik beschreibt also die Voraussetzungen, die erfüllt sein müssen, um eine gewünschte Wirkung zu erzielen. Die so dargestellten Ursache-Wirkungs-Verknüpfungen basieren stets auf impliziten Annahmen, die dadurch diskutierbar und hinterfragbar werden, dass sie explizit in folgender Form formuliert werden: „Um 1 zu erreichen, muss ich 2 sicherstellen, weil 3..." (vgl. www.TOC4u.de, 2008).

Abbildung 16 - Ursache/Wirkungsverknüpfung (Loebel, 2005)

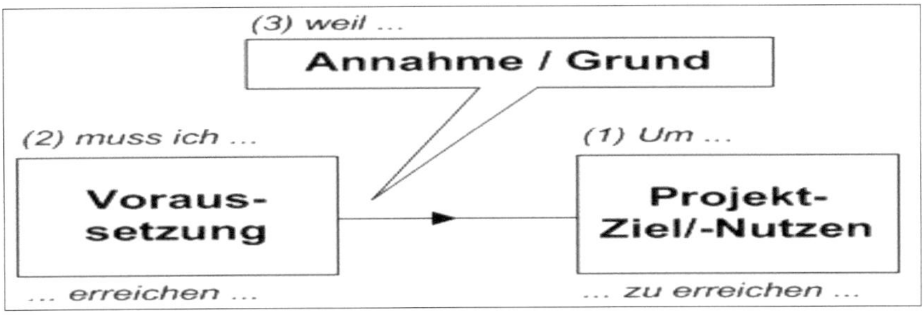

3 steht dabei für die bis dahin unausgesprochene Annahme der Person, die den Ursache-Wirkungs-Zusammenhang postuliert hat. Diese Annahme kann so zu einer gemeinsamen Argumentation eines Teams oder auch als nicht zutreffende Annahme identifiziert werden. Letzteres kann dazu führen, dass die behauptete Ursache-Wirkungs-Verknüpfung aufgelöst und ggf. durch eine andere ersetzt wird. Die Verwendung des einfachen Satzes, „um A zu erhalten, muss ich B sicherstellen, weil X" ist also eine wirkungsvolle Methode, mit der die Intuition Einzelner über Ursache-Wirkungs-Zusammenhänge dargestellt und zum gemeinsamen Wissen eines Teams weiterentwickelt werden kann (vgl. Loebel, 2005).

„Die „Sufficient-Cause-Logik" besteht aus der Beschreibung von Ursache-Wirkungs-Zusammenhängen in der Form „wenn A, dann B, weil X". Mit Hilfe der Sufficient-Cause-Logik wird eine real existierende Situation beschrieben und deren Ursachen bzw. eine in der Zukunft erwünschte Situation und die dafür zu setzenden neuen Ursachen. Da oft erst mehrere Ursachen eine Wirkung erzeugen, drückt sich die Sufficient-Cause-Logik oft auch in der Form: „wenn A und wenn B und wenn C dann D" aus.

Abbildung 17 - Sufficient-Cause-Logik (Loebel, 2005)

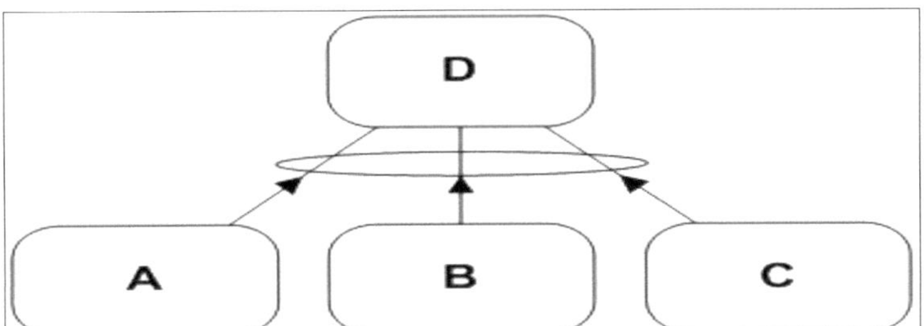

Die TOC-Denkprozesse, die auf diesen beiden logischen Konzepten beruhen, erhalten dadurch ihre starke Wirkung, dass sie es uns ermöglichen, unser intuitives Verständnis hinsichtlich logischer Zusammenhänge darzustellen und zu überprüfen. Sie sind auch deshalb besonders wirksam, weil sie es durch ihre grafische Darstellung ermöglichen, eine größere Folge von Ursache-Wirkungs-Zusammenhängen auf einen Blick wahrzunehmen, zu verstehen und zu bearbeiten (vgl. Loebel, 2005).

11.1.4 Logikdiagramme der Theory of Constraints

11.1.4.1 Gegenwartsbaum (engl.: Current Reality Tree - CRT)

Im Focus der Fragestellung „Was muss geändert werden?“ steht der so genannte Gegenwartsbaum. Der Gegenwartsbaum ist ein TOC-Denkprozess, der auf der Sufficient-Cause-Logik basiert. Der Gegenwartsbaum ist die Abbildung einer zum Zeitpunkt der Erstellung des Baumes festgestellten Ursache-Wirkungs-Beziehung. Die Struktur des Gegenwartsbaumes erlaubt es Rückkopplungen und Ursachenakkumulation darzustellen. Der Gegenwartsbaum kann damit zur Darstellung komplexer Systeme verwendet werden. Er kann eingesetzt werden, um darzustellen, was das System daran hindert, einen oder mehrere der fünf Fokus-Schritte der Veränderung nach TOC konsequent zu durchlaufen und entsprechend zu handeln. Es ist schwierig, Zustimmung und Mitwirkung des Managements für erforderliche und vorgeschlagene Veränderungen zu erhalten (vgl. Lörz / Techt, 2007). Beispielhaft ist die folgende Abbildung eines Gegenwartsbaumes von Uwe Techt zur Abbildung von negativen Auswirkungen im Projektmanagement durch Multitasking.

Abbildung 18 - Gegenwartsbaum (Lörz / Techt, 2007)

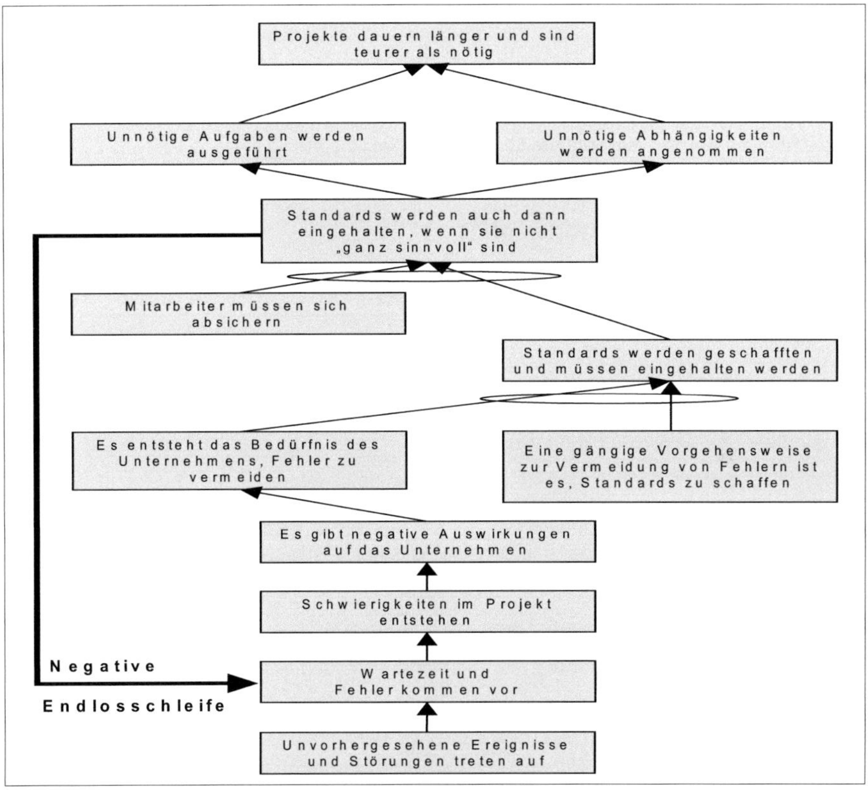

Der Gegenwartsbaum zeigt die „wenn, ... dann ...”-Beziehungen zwischen dem Kernproblem und den unerwünschten Effekten des Systems. Zweck ist es, zu zeigen, dass es einen klaren Zusammenhang zwischen dem Kernproblem und den einzelnen unerwünschten Effekten gibt und wie dieser Zusammenhang aussieht.

Zusammenfassend gilt:

- Der Gegenwartsbaum beschreibt immer die aktuelle Realität.
- Er verknüpft unerwünschte Ereignisse mit Kernursachen und Kernproblemen.
- Der Baum lässt sich mit systematischem Vorgehen (z.B. Flussdiagramm) entwickeln.

11.1.4.2 Konfliktlösungsbaum oder auch Dilemma-Wolke

Im Rahmen des Denkprozesses ist die Fähigkeit, Win-Win-Lösungen zu entwickeln, eine der am häufigsten genutzten. Dem Konfliktlösungsbaum oder auch der Dilemma-Wolke kommen als Werkzeug des Constraint Managements deshalb eine zentrale Bedeutung zu. Beide basieren dabei auf der so genannten Necessary-Cause-Logik.

11.1.4.2.1 Konfliktlösungsbaum

Die Logik des Konfliktlösungsbaumes unterscheidet sich etwas von der des Gegenwartsbaumes. Im Gegenwartsbaum reichen die dargestellten Ursachen aus, um die Wirkung zu erzielen. Mit dem Einsatz des Konfliktlösungsbaumes sollen Widersprüche aufgelöst werden. Dazu reicht es, eine notwendige Bedingung des Konfliktes zu negieren. Folglich beschränken wir uns, an dieser Stelle bei der Darstellung des Widerspruches nur auf notwendige Bedingungen. Die im Gegenwartsbaum festgestellten Kernursachen und Kernprobleme sind die Verursacher, der in der Realität beobachteten unerwünschten Erscheinungen. Die Kernprobleme selbst sind in einigen Fällen in der betroffenen Organisation sogar bekannt. Dennoch ändert sich nichts. Das ist genau der Punkt, an dem der Konfliktlösungsbaum zum Einsatz kommt. Die Vermutung liegt nahe, dass es irgendeinen Zielkonflikt gibt, der die Lösung des Kernproblems behindert. Komplizierend kommt in vielen Fällen hinzu, dass der Konflikt nicht einmal adressiert wurde, die Betroffenen haben sich in vielen Fällen mit dem Status Quo abgefunden (vgl. Loebel, 2005).

Wendet man einen Konfliktlösungsbaum an, dann ist man ernsthaft an einer Auflösung des Konfliktes interessiert. Was man nicht braucht, sind Kompromisse zwischen den beiden Interessenslagen. Ziel der Verwendung des Konfliktlösungsbaumes ist eine als solches bezeichnete Win-Win-Lösung (vgl. Loebel, 2005).

Zusammenfassend gilt für den Konfliktlösungsbaum:

- Die Möglichkeit, sich von der Existenz eines Konfliktes zu überzeugen, den Widerspruch laut und deutlich beim Namen zu nennen.
- Ein Werkzeug zur strukturierten Analyse eines Kernproblems. Sie ergründen, warum das Kernproblem existiert, ohne dass es ernsthaft bearbeitet wurde.
- Aufdecken der Annahmen und der Hintergründe, die einem Konflikt zugrunde liegen.

- Der Schlüssel zur Lösung eines bestehendes Konfliktes, ohne dass Kompromisse gemacht werden, und so, dass beide Seiten Gewinner sind. Die Visualisierung der gesamten Logik des Konfliktes liefert sehr viele Anhaltspunkte für mögliche Veränderungen der Rahmenbedingungen. Ziel ist es dabei immer, den Konflikt als solchen aufzulösen.

- Die Möglichkeit, alle dem Konflikt zugrunde liegenden Probleme und Annahmen der Seiten auszutauschen und so mehr Transparenz zu schaffen. Der Konfliktlösungsbaum kann helfen, Vertrauen aufzubauen, Sorgen und Ängste zu kommunizieren. Das gemeinsame Erarbeiten eines Konfliktes hilft, andere rechtzeitig in die Lösungsansätze einzubeziehen. Dieser Schritt sichert der späteren Lösung eine hohe Akzeptanzwahrscheinlichkeit und ist damit sehr erfolgskritisch.

Abbildung 19 - Konfliktlösungsbaum (Loebel, 2005)

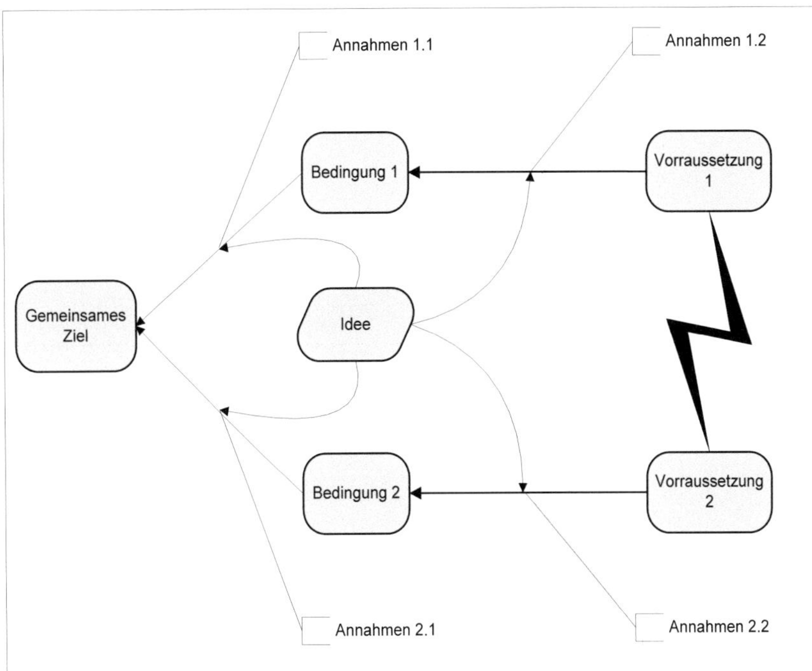

11.1.4.3 Dilemma-Wolke

Beispielhaft aufgeführt wird noch die Dilemma-Wolke, die in der Literatur vor allem bei Techt zu finden ist. Die Dilemma-Wolke hat denselben Zweck und verfolgt dieselben Ziele wie der Konfliktlösungsbaum, der Unterschied liegt nur in der grafischen Darstellung.

Abbildung 20 - Dilemma-Wolke (Lörz / Techt, 2007)

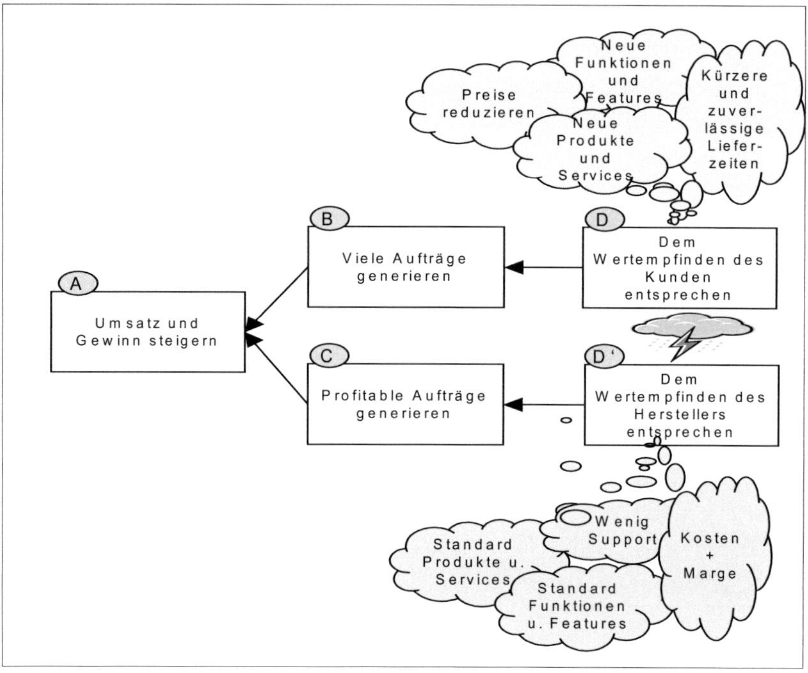

11.1.4.4 Zukunftsbaum (engl.: Future Reality Tree - FRT)

Mit dem Zukunftsbaum werden Ursache-Wirkungs-Beziehungen abgebildet, wie sie zukünftig etabliert werden sollen. Der Zukunftsbaum basiert auf den Zielen und Ansprüchen für die Zukunft, die sich aus den Kernproblemen und deren Ursachen ergeben, die mit dem Gegenwartsbaum entwickelt wurden und dem Einsatz des Konfliktlösungsbaumes entstammen. Genau wie der Gegenwartsbaum basiert der Zukunftsbaum auf der Sufficent-Cause-Logik und dient als Werkzeug zur Erprobung potentieller Lösungen vor der tatsächlichen Umsetzung in der Praxis. Sie bilden alle möglichen Folgen ihrer Ideen ab, sowohl die erwünschten als auch neue negative Konsequenzen. Sie bauen also nach und nach eine Lösung für die

Praxis auf. Beispielhaft ist dafür hier die Abbildung von Uwe Techt zum Zukunftsbaum dargestellt.

Abbildung 21 - Zukunftsbaum (Lörz / Techt, 2007)

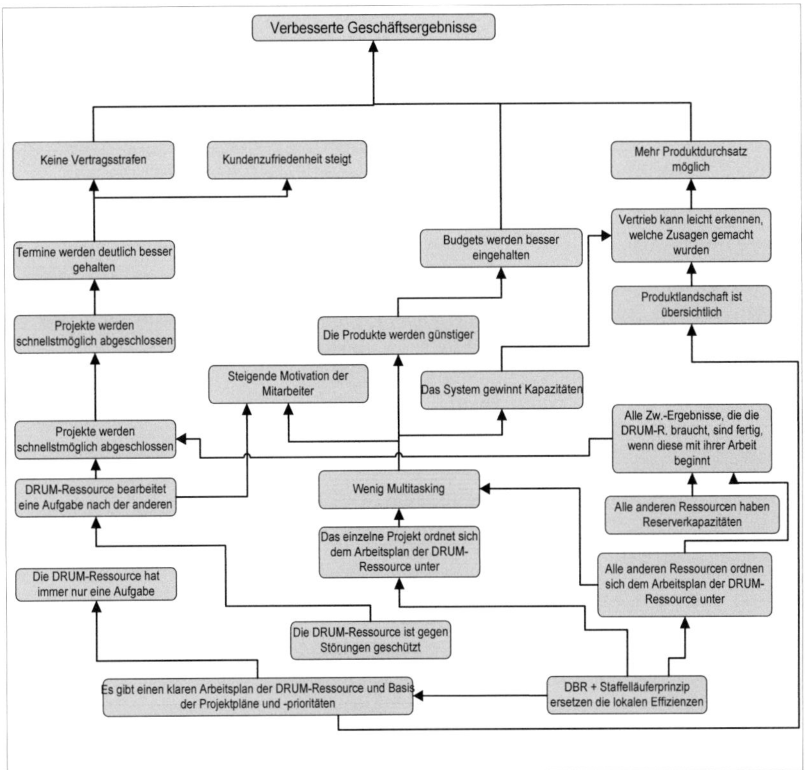

Zusammenfassend kann festgestellt werden:

- Der Zukunftsbaum ist die zukünftig erwünschte Realität.
- Er verknüpft erwünschte Ereignisse mit Ideen und Ansätzen, die Bedingung zur Erreichung der Ereignisse sind.
- Der Baum lässt sich mit systematischem Vorgehen entwickeln, wie schon erwähnt zum Beispiel in Form eines Flussdiagrammes.

11.1.4.5 Vorbehaltsbaum

Der Vorbehaltsbaum (in der Literatur auch als Voraussetzungsbaum bezeichnet) basiert auf der Necessary-Cause-Logik und bearbeitet die dritte Frage im Veränderungsprozess: „Wie soll die Veränderung verursacht werden?". Die Absicht des Vorbehaltsbaumes ist es, die Beziehungen zwischen den Hindernissen, die bei der Umsetzung einer Lösung bzw. bei der Realisierung einer Strategie auftauchen, und den Zwischenzielen, die erreicht werden müssen, um die Hindernisse zu überwinden, zu erkennen und aufzuzeigen. Ein weiteres Ziel ist es, die Reihenfolge bzw. die Abhängigkeit in der die Zwischenziele erreicht sein müssen, um die Lösung erfolgreich zu implementieren, zu erklären.

Damit wird der Hauptzweck des Vorbehaltsbaumes beschrieben: Mit dem Vorbehalts-baum können Hindernisse auf dem Weg zu einem Ziel sowie Bedingungen erkannt werden, unter denen die Hindernisse umgangen oder überwunden werden können, wie in der Grafik unten zu sehen ist.

Abbildung 22 - Vorbehaltsbaum (Loebel, 2005)

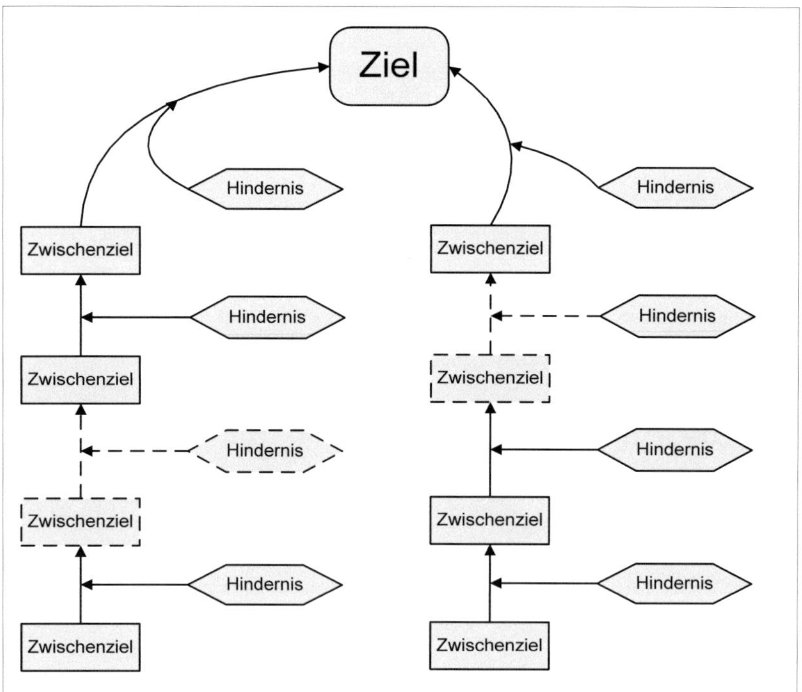

11.1.4.6 Umsetzungsbaum (engl.: Transition Tree - TRT)

Der Umsetzungsbaum beschreibt chronologisch die Umsetzung eines Veränderungs-planes, welcher im Vorfeld durch den Einsatz der anderen Constraint Management-Werkzeuge entwickelt wurde. Im Umsetzungsbaum verbinden sich die heutigen Rahmen-bedingungen mit den konkreten Maßnahmen. Die Kombination aus Bedingung und Maßnahme ergibt einen neuen Zustand in der Zukunft. Dieser neue Zustand wird dann wiederum mit einer im Zukunftsbaum für diesen Zeitpunkt entwickelten Maßnahme kombiniert. Diese Schritte werden wiederholt bis der um den Zukunftsbaum entwickelte Zustand erreicht wird. Unter Umständen müssen sehr viele Bedingungen abgebildet werden und der Detaillierungsgrad ist sehr hoch. Eine beispielhafte Abbildung zur Verdeutlichung finden sie auf der folgenden Seite.

Abbildung 23 - Umsetzungsbaum (Loebel, 2005)

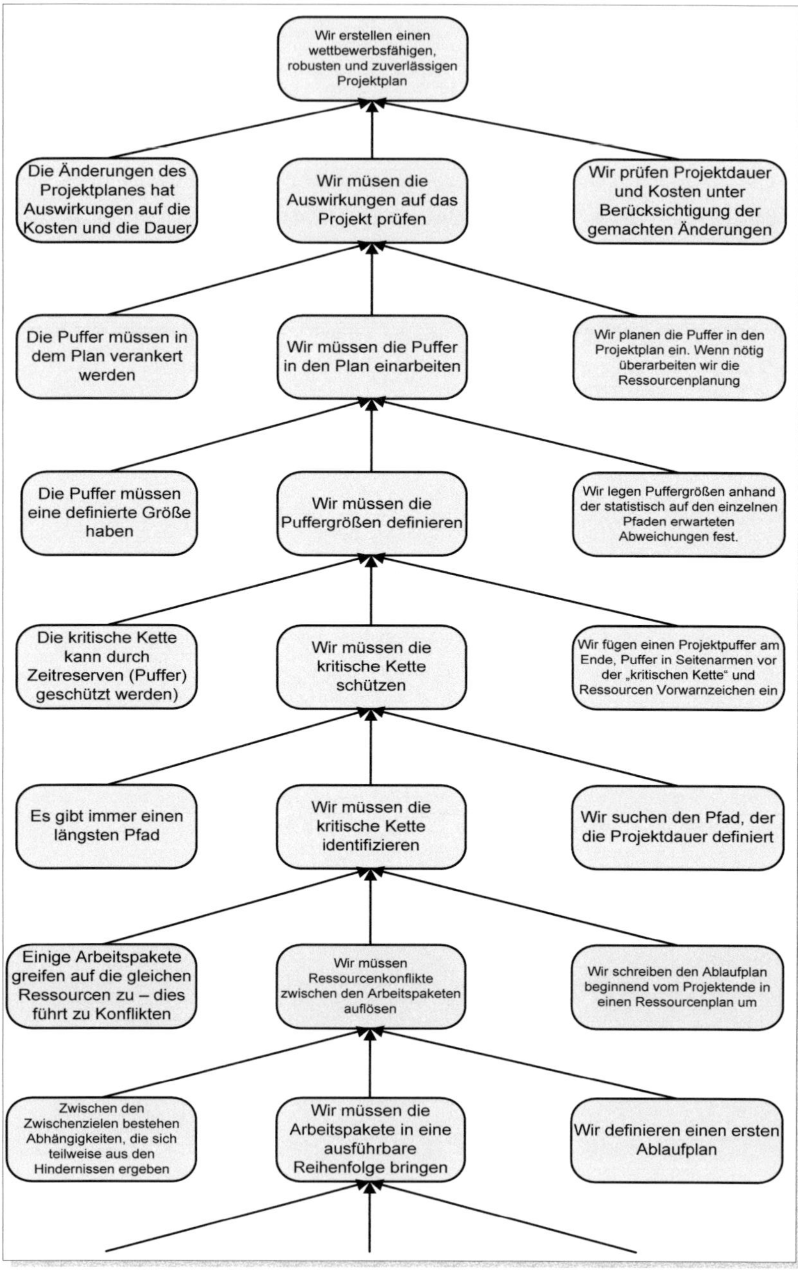

11.1.5 Regeln zur Erstellung und Prüfung der TOC-Bäume

Bei der Erstellung der verschiedenen Logik-Diagramme ist es wichtig sich an den Regeln, den so bezeichneten Kategorien der legitimen Vorbehalte, zu orientieren. Diese Regeln dienen der Verifizierung hinsichtlich der Gültigkeit der Aussagen und der kausalen Beziehungen in den einzelnen Logikdiagrammen.

Die sieben Regeln lauten (vgl. Loebel, 2005):

- Vorbehalt der Klarheit; Prüfung, ob die Aussagen klar, eindeutig und verständlich sind
- Vorbehalt der Entitäts-Existenz; Prüfung, ob die dargestellten Ursachen und Effekte tatsächlich existieren
- Vorbehalt der Kausalitäts-Existenz; Prüfung der „wenn,..." „dann..."-Beziehung zwischen Ursachen und Effekten. Besteht die Zusammenwirkung tatsächlich?
- Vorbehalt der unzureichenden Ursache; Prüfung, ob der Effekt tatsächlich von der einen Ursache oder nur in Verbindung mit weiteren Ursachen ausgelöst wird
- Vorbehalt der zusätzlichen Ursache; Prüfung, ob es weitere Ursachen für einen Effekt gibt
- Vorbehalt der fehlenden Wirkung; Prüfung, ob es Ursachen gibt, für die aber keine Wirkung vorliegt
- Vorbehalt der verdrehten Kausalität; Prüfung, ob Ursache und Effekt vertauscht wurden

11.2 Critical Chain Project Management Theorie

Bei dem Ansatz des Critical Chain Managements (CCM) bzw. Critical Chain Projektmanagement (CCPM) handelt es sich um eine Management- bzw. Projektmanagementmethodik.

Diese Methode basiert im Wesentlichen darauf, Zeitreserven nicht aktivitätsbezogen einzuplanen, sondern eine einzige, explizit ausgewiesene Zeitreserve (Puffer) am Ende des Projektes zu verwenden. CCM basiert auf der Grundannahme, dass bei der zeitlichen Vorbereitung von Aufgaben und Vorgängen im Rahmen eines Projektes stets Puffer eingeplant werden. Die Zeitbudgets bestimmen die Terminplanung des gesamten Projektes. Da jedoch erfahrungsgemäß einzelne Aufgaben oder Vorgänge häufig nicht vor ihrem Zieltermin fertig werden, werden bei der Durchführung von Projekten in der Praxis auch die Puffer der einzelnen Aktivitäten immer voll ausgenutzt, sodass kein Puffer mehr zur Verfügung steht, um wirklich kritische Situationen abzufangen (vgl. auch Parkinsons Gesetz in Kapitel 11.2.2.1). In der Einleitung wurde bereits erwähnt, dass Projekte durch die systematische Anwendung von CCPM um durchschnittlich 30% beschleunigt werden können. Die Wettbewerbsfähigkeit gegenüber Mitbewerbern kann durch die Nutzung von CCPM erhöht und demzufolge die Marktpositionierung verbessert werden. In diesem Kapitel sollen die theoretischen Grundlagen, mit denen diese Erfolge möglich sind, ausführlich erklärt werden (vgl. Techt / Lörz, 2007).

11.2.1 Vorgänge werden mit Zeitpuffer geschätzt

Dr. Goldratt sieht den Hauptgrund für den zeitlichen Verzug von Projekten in der missbräuchlichen Verwendung der Sicherheiten, die sich in den zuvor geschätzten Vorgängen befinden (vgl. Dr. Goldratt, 1997). Er behauptet sogar, dass bei der Schätzung der Vorgangsdauern Sicherheiten von bis zu 200 % eingebaut werden (vgl. Dr. Goldratt, 1997).

Diese Sicherheiten werden den Vorgängen hinzugefügt, jedoch nicht, um dem Projekt zu schaden, vielmehr dienen sie als Absicherung gegen Murphys Gesetz. Das Zustandekommen solcher Sicherheiten lässt sich mit Hilfe der statistischen Gauss-Verteilung erklären, sehen sie dazu auch die Abbildung Nr. 24 auf der Folgeseite.

Abbildung 24 - Gauss-Verteilung (vgl. Dr. Goldratt, 1997)

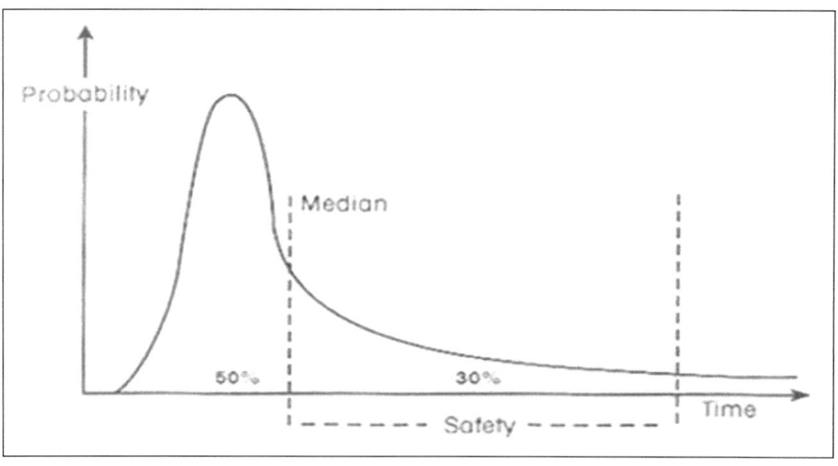

Es kann davon ausgegangen werden, dass bei Vorgangsdauerschätzungen Wahrscheinlichkeiten von mindestens 80 % - bis 90 % die Regel sind. Dies ist verständlich, da die Mitarbeiter, die die Dauer eines Vorganges schätzen müssen, sich gegen alle den Vorgang verzögernde Eventualitäten absichern wollen. Zu begründen ist dies damit, dass Vorgangsdauerschätzungen in der Regel von den Vorgesetzten in zeitlich bindende Zusagen umgewandelt werden, an die sich alle Projektmitglieder während eines Projektes zu halten haben (vgl. Leach, 2005). Anhand der Abbildung der Gauss-Verteilung (Abbildung Nr. 24) lässt sich jedoch erkennen, dass, wenn ein Vorgang mit einer Wahrscheinlichkeit von 80 % - bis 90 % pünktlich fertig gestellt zu werden geschätzt wird, diese Dauer um das drei- bis vierfache gegenüber einer realistischen Schätzung mit einer 50 %igen Wahrscheinlichkeit ansteigen kann.

Dr. Goldratt nennt drei Gründe für die Verwendung sehr hoher Sicherheiten bei der Schätzung von Vorgangsdauern (vgl. Dr. Goldratt, 1997). Der erste Grund basiert auf ehemaligen negativen Erfahrungen der Person, die die Schätzung durchführen muss. Der zweite Grund ist, dass eine Zunahme von in einem Projekt integrierten Managementebenen automatisch zu einer Steigerung der eingeplanten Sicherheiten führt, da jeder Manager einer bestimmten Managementebene seine Zuständigkeitsbereiche durch Zugabe eines Sicherheitsfaktors absichert, um mögliche Verspätungen nicht persönlich rechtfertigen zu müssen. Der dritte Grund ist, dass man sich gegen globale Kürzungen der Unternehmensleitung absichern will.

Doch man kommt nicht umhin sich zu fragen: Wenn die Mitarbeiter so große Reserven in die Zeitschätzungen integrieren, warum werden dann Aufgaben nicht früher, respektive pünktlich fertig?

11.2.2 Wie eingebaute Reserven verbraucht werden

In den vorangegangenen Kapiteln wurde bereits beschrieben, dass Vorgänge in Projekten mit Zeitpuffern geschätzt werden. Diese in die Schätzungen integrierten Sicherheiten werden allerdings durch Phänomene wie Parkinsons Gesetz, das Studentensyndrom und negatives Multitasking, die im folgenden näher erläutert werden, aufgebraucht (so genannter Puffer-Verzehr).

11.2.2.1 Parkinsons Gesetz

Die meisten Aufgaben (ca. 80 %) werden direkt am Stichtag eingereicht (vgl. Leach, 2005). Wie ist dies zu begründen? Wenn davon ausgegangen wird, dass die Schätzungen der Vorgangsdauern inkl. Pufferzeiten Wahrscheinlichkeiten von 80 % - bis 90 % haben, dann müsste eigentlich ein Großteil der Aufgaben früher fertig sein. Es sieht so aus, als ob sich die Zeitschätzungen in sich selbst erfüllende Prophezeiungen umwandeln (vgl. Dr. Goldratt, 1997). Dieses Phänomen ist bekannt als Parkinsons Gesetz und lässt sich dadurch begründen, dass kein Anreiz existiert früher fertig zu werden als geplant. Vielmehr steigt die Gefahr, dass bei Folgeprojekten Vorgänge zeitlich gekürzt werden könnten, weil bewiesen wurde, dass vergleichbare Aufgaben in vergangenen Projekten schneller lösbar waren. Deshalb wird die Arbeit soweit ausgedehnt, bis die dafür zur Verfügung stehende Zeit ausgefüllt ist. Selbst bei Verspätungen im Projekt, die zu einer Verzögerung des Beginns des Folgevorganges führen, wird der aktuell zu bearbeitende Vorgang trotz Sicherheiten nicht früher fertig werden, um verlorene Zeit im Projekt wieder aufzuholen, da auch hier befürchtet werden müsste, dass bei zukünftigen Projekten die Reserve gestrichen werden könnte.

11.2.2.2 Studentensyndrom

Es wurde bereits geklärt, dass die Zeitschätzungen signifikante Reserven enthalten und dass im Normalfall deutlich weniger Zeit für die Aufgabe benötigt wird. Deshalb ist gerade zu Beginn einer Aufgabe der Druck relativ gering, kontinuierlich an der Aufgabe zu arbeiten (vgl. Lörz / Techt, 2006). Die typische Arbeitsaufteilung zeigt, dass 1/3 der zu erledigenden Aufgabe in den ersten 2/3 der Zeit verrichtet wird. Die restlichen 2/3 der Arbeit müssen infolgedessen im letzten Drittel erledigt werden (vgl. Leach, 2005) was dazu führt, dass durchgehend an der Aufgabe gearbeitet werden muss, um rechtzeitig fertig zu werden. In der Literatur wird dieses Phänomen als Studentensyndrom bezeichnet. Kommt es jetzt zu unvorhergesehenen Problemen, dann kann die verloren gegangene Zeit vom Beginn der Aufgabe nicht mehr kompensiert werden, was dazu führt, dass sich die Fertigstellung der Aufgabe verzögert.

Das Studentensyndrom hat aber noch eine weitere Ausprägung. Wenn eine vorherige Aufgabe früher fertig wird, dann wird die Folgeaufgabe nicht automatisch früher begonnen, da dies aufzeigen würde, dass man mit der momentanen Arbeit nicht komplett ausgelastet ist (vgl. Lörz / Techt, 2007).

11.2.2.3 Negatives Multitasking

Durch das Einfügen hoher Sicherheiten bei der Schätzung der Dauer einzelner Vorgänge kann die freie Zeit genutzt werden, um sich zusätzlich mit anderen Arbeiten zu beschäftigen, da im Idealfall keine Vollauslastung durch die Bearbeitung der abgeschätzten Vorgänge besteht. Wenn eine Aufgabe zugunsten einer anderen Aufgabe unterbrochen werden muss, dann spricht man vom negativen Multitasking (vgl. Lörz / Techt, 2007).

Heutzutage gilt es als normal, dass mehrere Aufgaben zeitgleich bearbeitet werden. Dies ist darauf zurückzuführen, dass angenommen wird, dass Multitasking die Effizienz erhöht, weil eine permanente Auslastung vorliegt. Darüber hinaus gibt es für die zu erledigenden Aufgaben in der Regel keine Prioritätsverteilung. Es wird an der Aufgabe gearbeitet, die persönlich als wichtig empfunden wird [(vgl. Newbold, 1998) und vgl. Abbildung Negatives Multitasking (vgl. Dr. Goldratt, 1997, S.126)].

Abbildung 25 - Negatives Multitasking (vgl. Goldratt, 1997)

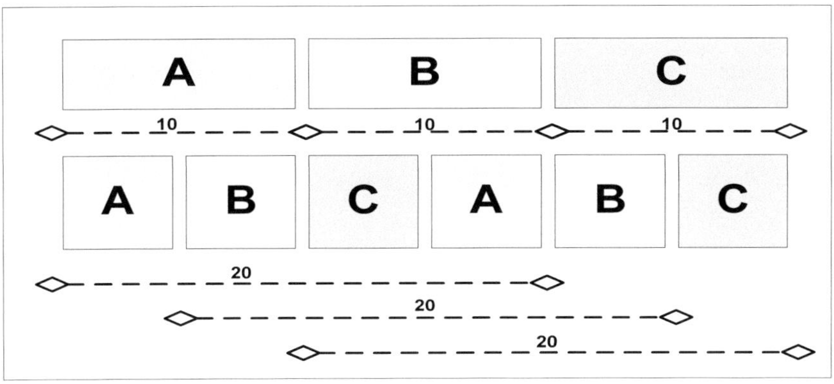

Die Effekte des negativen Multitaskings sollen anhand der Abbildung Nr. 25 verdeutlicht werden. Ein Projektmitarbeiter hat drei Aufgaben zu erledigen: A, B und C. Jede dieser Aufgaben dauert genau 10 Zeiteinheiten. Der Mitarbeiter beginnt mit Aufgabe A. Nachdem die Aufgabe zur Hälfte erledigt ist, bekommt der Projektmitarbeiter einen Anruf vom Projektleiter eines anderen Projektes, der unverzüglich die Fertigstellung von Aufgabe B verlangt, da sonst das Projekt in Verzug gerät. Also beginnt der Mitarbeiter mit der Aufgabe B, jedoch ohne Aufgabe A abgeschlossen zu haben. Der Mitarbeiter kann Aufgabe B aber auch nicht komplett bearbeiten, weil zwischenzeitlich der Verantwortliche für Aufgabe C erste Ergebnisse gefordert hat. Erst nachdem der Mitarbeiter dem Verantwortlichen von Aufgabe C erste Ergebnisse präsentiert, kann er die längst überfällige Aufgabe A zu Ende führen (vgl. Dr. Goldratt, 1997). Anhand der Abbildung ist zu erkennen, dass durch negatives Multitasking die Durchlaufzeiten für bestimmte Aufgaben signifikant erhöht werden. Die Aufgaben in diesem Beispiel bedürfen einer Durchlaufzeit von 20 Zeiteinheiten, wobei die eigentliche individuelle Arbeitszeit pro Aufgabe nur 10 Zeiteinheiten beträgt. Die Durchlaufzeit könnte sich nochmals erhöhen, würden die Setup- und Vorbereitungszeiten mit eingerechnet. In der

Regel muss sich zuerst einmal mit der weiteren Aufgabe zumindest kurz auseinandergesetzt werden, bevor die tatsächliche Arbeit an der eigentlichen Aufgabe begonnen werden kann, beziehungsweise da weitergearbeitet werden kann, wo zuvor aufgehört wurde. Das negative Multitasking löst drei unerwünschte Effekte aus (vgl. Lörz / Techt, 2007).

Der erste unerwünschte Effekt ist die Erhöhung der Durchlaufzeiten, was sich negativ auf die Projektdauer auswirkt. Die Folge eines verspäteten Projektes ist die Unzufriedenheit des Kunden, da dieser erst sehr spät auf die Projektergebnisse zugreifen kann. Der zweite unerwünschte Effekt ist, dass die Wahrscheinlichkeit steigt, dass aufgrund des negativen Multitaskings die Qualität der erledigten Arbeit durch die häufigen Unterbrechungen sinkt. Das negative Multitasking kann zu Verwechslungen oder unkonzentriertem Arbeiten führen, wodurch Fehler verursacht werden, die sich negativ auf die Qualität auswirken können. Das Resultat sind unerwünschte und kostenintensive Nachbesserungsarbeiten.

Der dritte Effekt sind die steigenden Projektkosten. Zu begründen sind diese durch die erhöhten Durchlaufzeiten, da eventuell andere Aufgaben angehalten werden müssen oder nicht starten können, weil sie von der verspäteten Abgabe abhängig sind. Zusätzlich verursachen auch die Nachbesserungsarbeiten Kosten. Ein weiterer Grund für Kostensteigerungen können Investitionen sein, die für ein Projekt getätigt werden. Durch das negative Multitasking kann es zu multiplen Vorfinanzierungen kommen, da diverse Aufgaben zeitgleich und nicht nacheinander bearbeitet werden.

Als Resultat dieser Untersuchung zum negativen Multitasking steht die belastende Aussage, das negatives Multitasking das betriebswirtschaftliche Ergebnis eines Unternehmens belastet (vgl. Lörz / Techt, 2007).

11.2.2.4 Managen von Unsicherheiten

Jedes Projekt verfügt über Unsicherheiten. Dies ist eine Gegebenheit, die selbst durch hervorragende Planung nicht umgangen werden kann. Das Risiko, dass es zu Verzug aufgrund von Murphys Gesetz kommt, ist in einem Projekt zu jeder Zeit allgegenwärtig. Folglich ist der Schlüssel zum Erfolg eines Projektes das Managen dieser Unsicherheiten.

Wie bereits verdeutlicht wurde, enthalten jegliche geschätzten Vorgangsdauern Sicherheiten von bis zu 200 %. Eigentlich müsste davon auszugehen sein, dass ein Projekt bei solch hohen Sicherheiten mit großer Wahrscheinlichkeit pünktlich fertig wird. Womit sind also die regelmäßigen Verspätungen und sogar vorzeitigen Abbrüche von Projekten zu erklären (vgl. Leach, 2005)?

Einige Gründe hierfür wurden bereits benannt. Dadurch, dass die Mitarbeiter über die zeitlichen Sicherheiten in ihren Aufgaben Bescheid wissen, werden diese aufgrund des Studentensyndromes, des Parkinsonschen Gesetzes und auch negativem Multitaskings verschwendet. Ein weiterer Grund für die Verspätungen von Projekten liegt in der Planungsmethode selbst. Wird ein Projekt nach der Critical Path Methode (CPM) geplant, führt bereits eine Verspätung eines kritischen Vorgangs zu einer Verzögerung des gesamten Projektes, da der Verzug an alle Folgevorgänge komplett weitergereicht wird. Das Konzept des CCPM beschreitet hier neue Wege, um Abhilfe zu schaffen.

11.2.3 Der Critical Chain Projektplan

In diesem Kapitel wird der komplette Prozess, der zur Erstellung eines Einzelprojektes unter Anwendung des CCPM-Ansatzes nötig ist, vorgestellt. Es sei dabei angemerkt, dass es sich bei einem Projektplan um ein Modell handelt, welches lediglich die Realität abbildet. Wie bei allen Modellen ist es aber nicht die Realität. Deshalb muss das Modell auch nur gut genug sein, um dabei zu helfen, die gestellte Aufgabe so schnell wie möglich und unter Einhaltung aller Anforderungen zufrieden stellend zu lösen (vgl. Leach, 2005).

11.2.3.1 Das Late-Start-Prinzip

In der Regel wird bei neuen Projekten vertraglich ein End- beziehungsweise Übergabetermin vereinbart. Wann das Projekt beginnen soll, damit die Ergebnisse zum Übergabezeitpunkt vorliegen, muss der für das Projekt zuständige Projektmanager ermitteln. Bei der traditionellen CPM werden alle Vorgänge so früh wie möglich (ASAP), ausgehend vom Projektanfangstermin, geplant. Der Vorteil dieser Planungsmethode ist, dass, falls Störungen auftreten sollten, es zu keinem Verzug kommt, da die Vorgänge nicht kritisch sind. Bei der Planung nach der CCPM-Methode wird hier ein anderer Weg beschritten. Es wird der Beginn aller Vorgänge so spät wie möglich, ausgehend vom Zielenddatum, geplant. Diese Spätplanung wird als so genannte „as late as possible“ (ALAP) bezeichnet (vgl. Leach, 2005). Dies hat mehrere Vorteile, aber auch einen gravierenden Nachteil. Einer der Vorteile der CCPM-Methode ist, dass die für die Arbeit benötigten Ressourcen später beansprucht werden. Ein weiterer Vorteil ist, dass Investitionen zu einem späteren Zeitpunkt im Projektverlauf anfallen, wodurch liquide Mittel nicht frühzeitig gebunden werden und länger zur freien Verfügung stehen. Die großen Vorteile der Minimierung von Umlaufbeständen in der Produktionswirtschaft, auch als Work in Progress (WIP) bezeichnet, sind ohne weiteres auch auf Projekte übertragbar (vgl. Newbold, 1998). Ein weiterer Vorteil durch das späte Beginnen der Arbeit liegt in der komplexen Wissensarbeit und der Generierung neuer Erkenntnisse mit Voranschreiten des Projektes. Durch den verbesserten Kenntnisstand sinkt die Notwendigkeit von Nacharbeiten signifikant. Dadurch, dass Vorgänge bei der CPM so früh wie möglich geplant werden, beginnen viele Vorgänge zeitgleich, was bei der CCPM-Methode nicht der Fall ist. Dies erleichtert die Arbeit der Projektmanager, da nur ein kritischer Vorgang verfolgt werden muss, im Vergleich zu vielen nicht-kritischen Vorgängen bei der CPM (vgl. Leach, 1999).

Ein entscheidender Nachteil der CCPM-Methode ist, dass der Vorgang dadurch, dass er so spät wie möglich beginnt, ein kritischer Vorgang geworden ist. Jeder zeitliche Verzug des Vorgangs verzögert gleichermaßen den Fertigstellungszeitpunkt des Projekts. Die CCPM-Methode bietet jedoch auch eine Lösung für diese Problematik. Durch das Einfügen von Puffern an strategisch wichtigen Punkten werden die Vorgänge abgesichert, sodass sich Verspätungen eines Vorgangs nicht auf das gesamte Projekt auswirken.

11.2.3.2 Staffelläuferprinzip

Mit Hilfe des Staffelläuferprinzips sollen beim CCPM reibungslose Übergaben zwischen aufeinander folgenden Vorgängen ermöglicht werden. Ziel soll es sein, die möglichen Zeitgewinne von Vorgängen zu konservieren, indem auch die Folgevorgänge von diesem Zeitgewinn profitieren, da sie entsprechend früher begonnen werden können. In der klassischen CPM werden für Projekte und den darin enthaltenen Vorgängen fixe Start- und Endzeitpunkte definiert. Wie schon in früheren Kapiteln beschrieben, enthalten die Vorgänge der Projekte eingebaute Sicherheiten, um diese gegen Verzug zu schützen. Die CPM richtet sich äußerst genau an den Start- und Endzeitpunkten der Vorgänge aus, weshalb diese auch gründlich vom Projektmanagement beobachtet werden (vgl. Oestereich / Weiss, 2008).

Das Managen eines Projektes unter Berücksichtigung der CPM ist vergleichbar mit einem Zugfahrplan. Wenn ein Zug früher als geplant in den Bahnhof einfährt, dann muss dieser bis zur festgeschriebenen Abfahrtszeit dort stehen bleiben und warten. Global betrachtet kommt es zu keinem Zeitgewinn auf der Gesamtstrecke des Zuges. Die auf der Strecke gewonnene Zeit ist durch das Warten völlig verpufft. In einem Projekt verhält sich das dann sehr ähnlich. Wenn eine Aufgabe früher als geplant abgeschlossen wird, dann kann der Zeitgewinn nicht weitergegeben werden, weil sich die Ressource des Folgevorgangs strikt an dem Terminplan ausrichtet und nicht bereit ist, die Folgeaufgabe zu beginnen, beziehungsweise selbst noch gar nicht verfügbar ist. Erreicht der Zug jetzt den Bahnhof mit Verspätung, weil beispielsweise eine nicht eingeplante Wartezeit auf der Strecke wegen einer technischen Fehlfunktion (Bsp. Signal) angefallen ist, dann wird der Zug mit dieser angefallenen Verspätung den Bahnhof auch wieder verlassen. Die Gesamtdauer der Zugfahrt erhöht sich um diese

Wartezeit, die durch die Fehlfunktion ausgelöst wurde (vgl Oestereich /Weiss, 2008). Übertragen auf die CPM würde dies bedeuten, dass, wenn es zu Verzug bei nur einem Vorgang, der sich auf dem kritischen Pfad befindet, kommt, sich das ganze Projekt um den Verzug des einen Vorganges verspätet. Selbst die bei der CPM enthaltenen Sicherheiten in den Vorgängen werden diese Verspätung aufgrund der in Kapitel 11.2.2 beschriebenen Gründe häufig nicht absorbieren können (vgl. Patrick, 2001).

Unter Anwendung der CCPM-Methode sollen Zeitgewinne komplett an die Folgevorgänge weitergegeben und nicht durch unproduktives Warten verschwendet werden. Deshalb richtet sich die CCPM-Methode an dem Prinzip des Staffellaufs in der Leichtathletik aus. Bei einem Staffellauf gelten einfache Regeln: Der Läufer mit dem Stab läuft so schnell wie möglich seine zu absolvierende Distanz. Der folgende Sprinter bereitet sich auf die Übergabe des Staffelholzes vor, indem er rechtzeitig anläuft, um das Staffelholz in vollem Lauf übernehmen zu können. Hat der Läufer das Staffelholz übernommen, besteht seine Aufgabe darin, so schnell zu laufen wie er kann, um es an den nächsten Läufer zu übergeben. Dadurch, dass jeder Läufer sein Bestes gibt, können selbst langsam zurückgelegte Streckenabschnitte durch andere schnell zurück gelegte Abschnitte zum Nutzen des gesamten Teams kompensiert werden (vgl. Lörz / Techt, 2007).

Übertragen auf das CCPM bedeutet dies, dass jede Ressource seine Aufgabe so schnell wie möglich erledigt und regelmäßig die Ressource des Folgevorgangs von seinem Fortschritt in Kenntnis setzt. So wird der folgenden Ressource die Möglichkeit gegeben, sich auf ihre Aufgabe vorzubereiten, um bei erfolgter Übergabe sofort beginnen zu können. Möglich ist dies im CCPM, da es keinen fixen Terminplan gibt.

Die Vorgangsdauerschätzungen basieren auf dem tatsächlichen Arbeitsaufwand. Sollte es zu Verspätungen bei den Vorgängen kommen, dann werden diese durch Puffer absorbiert. Kann die Übergabe allerdings früher als geplant erfolgen, dann wird dieser Zeitgewinn an den Folgevorgang komplett weitergegeben, da sich die Ressource schon auf die Übergabe hat vorbereiten können und somit unverzüglich starten kann (vgl. Lörz / Techt, 2007).

11.2.3.3 Definition der kritischen Kette

Die kritische Kette definiert sich als „die längste Folge voneinander abhängiger Aufgaben unter Berücksichtigung von begrenzten Ressourcen“ (Lörz / Techt 2007, S. 133-134). Dieser Unterschied hat bedeutende Auswirkungen auf die Planung von Projekten, da bei der Planung mit der kritischen Kette erkannt wird, dass limitierte Ressourcenverfügbarkeit zu einer Verzögerung des kompletten Terminplans führen kann. Die kritische Kette gibt im

Vergleich zum kritischen Pfad die Gesamtdauer eines Projektes an. Wird auch nur ein Vorgang auf der kritischen Kette verschoben, dann wirkt sich das unweigerlich auf die Gesamtdauer des Projektes aus, da die kritische Kette die kürzestmögliche Projektdauer unter Berücksichtigung der Ressourcen wieder gibt (vgl. Lörz / Techt, 2007).

11.2.3.4 Ressourcenabgleich bei CCPM

In den folgenden Abbildungen (Nr, 26-28) soll der Unterschied zwischen der Planungsmethode des kritischen Pfades und der kritischen Kette verdeutlicht dargestellt werden.

Beispiel 1 (Abbildung Nr. 26) zeigt einen Balkenplan, der nach der kritischen Pfad-Methode erstellt wurde. Der kritische Pfad ist deutlich durch die rosafarbene Umrandung der Vorgänge gekennzeichnet. Es lässt sich erkennen, dass es während des Projektverlaufes zu Ressourcenengpässen kommen wird, da teilweise dieselben Ressourcen für zeitlich parallel geplante Vorgänge benötigt werden. In Beispiel 2 (Abbildung Nr. 27) wurden die Ressourcenkonflikte bereits behoben. Das Ergebnis ist ein ressourcennivellierter kritischer Pfad, der zwar deutlich länger ist als der kritische Pfad in Beispiel 1, jedoch die limitierten Ressourcen mit einplant. Der Schritt vom ressourcen-nivellierten kritischen Pfad zur kritischen Kette ist dann nicht mehr groß. Die kritische Kette in Beispiel 3 (Abbildung Nr. 28) wird durch die grüne Umrandung der betroffenen Vorgänge verdeutlicht. Im Folgenden finden Sie zur Veranschaulichung die drei schon erwähnten Abbildungen.

Abbildung 26 - Ressourcenkritischer Pfad

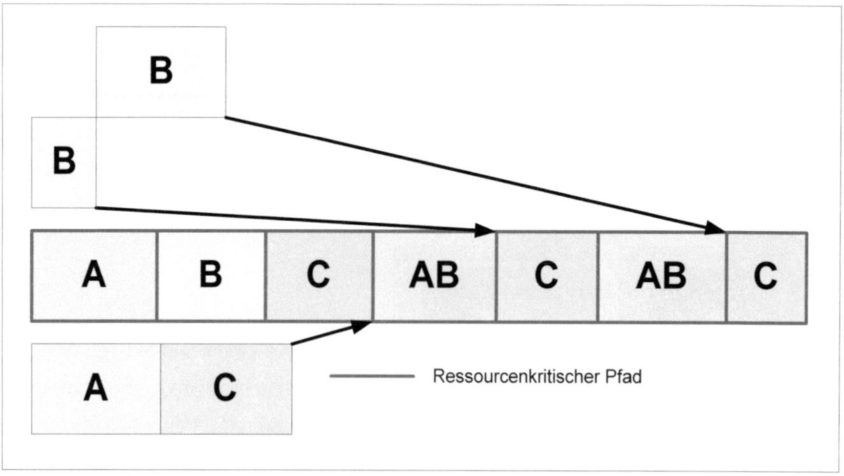

Abbildung 27 - Ressourcennivellierter kritischer Pfad

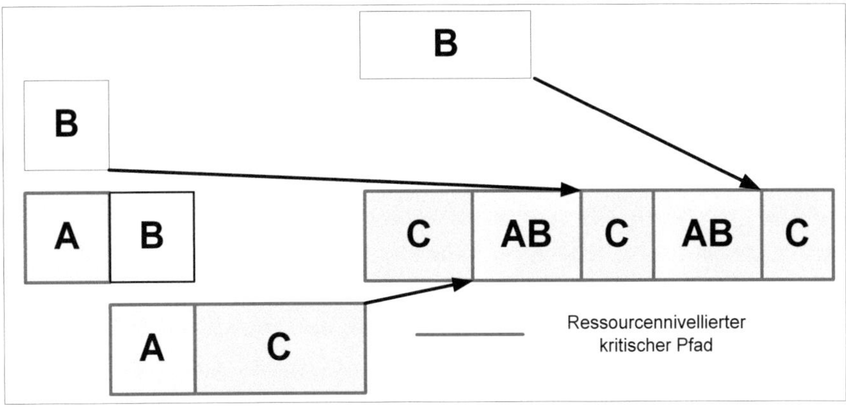

Abbildung 28 - Kritische Kette

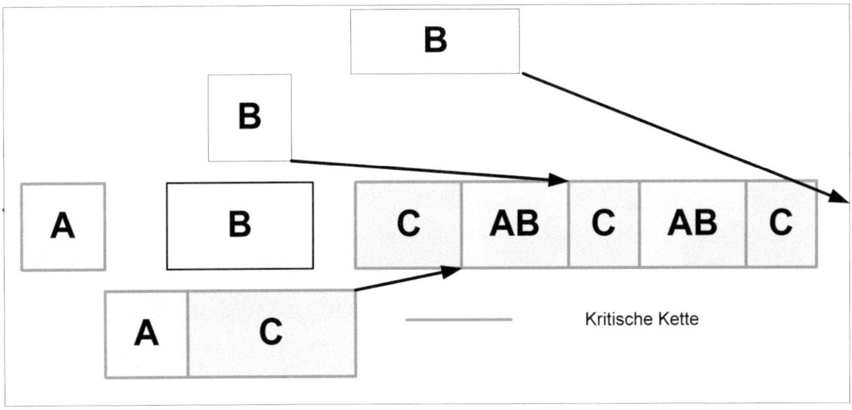

Es lässt sich erkennen, dass die kritische Kette identisch zu dem ressourcennivellierten kritischen Pfad ist, was damit zu begründen ist, dass bei beiden Methoden mit Rücksicht auf die begrenzt verfügbaren Ressourcen geplant wurde. Der entscheidende Unterschied ist jedoch, dass bei der kritischen Kette das Late-Start-Prinzip Anwendung findet. Prinzipiell werden alle Vorgänge so spät wie möglich, ausgehend vom Projektendzeitpunkt, geplant. Hierdurch wird eine Minimierung des so genannten WIP (Work in Progress) erreicht, was zu Arbeits- und Kosteneinsparungen führen kann.

Des Weiteren gibt die kritische Kette, im Gegensatz zum kritischen Pfad, die kürzestmögliche Projektdauer wieder. Da allerdings die kritische Kette definitionsgemäß die längste Folge voneinander abhängiger Aufgaben unter der Berücksichtigung von begrenzten Ressourcen ist, muss, bevor die kritische Kette identifiziert werden kann, zuerst ein Ressourcenabgleich, ähnlich dem ressourcennivellierten kritischen Pfad, durchgeführt werden. Hierzu wird zuerst der Ressourcenengpass identifiziert und als erstes gelöst. In der Regel wird einfach der erste Engpass ausgehend vom Projektendtermin genommen.

Alternativ kann auch der Engpass gewählt werden, der den größten Konflikt im Projekt verursacht (vgl. Leach, 2006). Behoben wird ein Engpass, indem der Vorgang einfach soweit zeitlich nach vorne verschoben wird, bis der Engpass bereinigt wurde. Sollte sich aus der Verschiebung des Vorgangs ein neuer Konflikt mit einer anderen Ressource ergeben, wird dieser zu einem späteren Zeitpunkt behoben. Nach dem gleichen Schema werden alle weiteren Engpässe für diese Ressource gelöst. Dieses Vorgehen wird für alle folgenden an dem Projekt beteiligten Ressourcen wiederholt, bis der Projektplan konfliktfrei ist. Die kritische Kette ergibt sich automatisch, sobald ein ressourcenkonfliktfreier Projektplan vorliegt, da lediglich die längste Kette voneinander abhängiger Vorgänge ausgewählt werden muss (vgl. Leach, 2005). Liegen jedoch identisch lange Ketten vor, muss eine ausgewählt werden. Welche spielt dabei keine Rolle. Die Hauptsache ist, dass eine ausgewählt wird.

Durch die Identifizierung der kritischen Kette ist auch der Engpass des Einzelprojektes identifiziert worden. Wenn es in der kritischen Kette zu Verzug kommt, dann verzögert sich das komplette Projekt. Um ein rasches Voranschreiten des Projekts zu garantieren, müssen alle anderen Projekttätigkeiten der optimalen Ausnutzung der kritischen Kette untergeordnet werden (vgl. Lörz / Techt, 2007). Für den Prozess der Ressourcenglättung gibt es aus mathematischen Gründen keinen Algorithmus, der zu einem perfekten Ergebnis führt.

Sobald die Projektpläne komplexer werden, gibt es exponentiell viele Möglichkeiten, einen engpassfreien Projektplan zu erstellen. Das Vorgehen bei der Erstellung eines Critical Chain Projektplans garantiert jedoch ein Ergebnis, das gut genug ist. Es wird nicht angestrebt, einen perfekten Projektplan zu erstellen, da der Projektplan lediglich ein Modell der Realität ist, welches während des Projektverlaufes ohnehin regelmäßige Veränderungen erfährt.

Da bei der CCPM-Methode, im Vergleich zu der kritischen Pfad-Methode, alle Vorgänge so spät wie möglich geplant wurden, resultiert daraus, dass nicht nur die kritische Kette selbst kritisch ist, sondern auch alle anderen Vorgänge, die nicht in der kritischen Kette liegen. Eine Verzögerung nur eines Vorgangs würde sich somit unweigerlich auf die Gesamtdauer des Projekts auswirken (vgl. Goldratt, 1997). Um das Projekt gegen solche Eventualitäten abzusichern, werden bei der CCPM-Methode Puffer in den Projektplan eingefügt, um das Projekt gegen Verzögerungen zu schützen.

11.2.3.5 Einfügen von Puffer

Durch den Einsatz der CCPM-Methode werden Projektpläne ohne Sicherheitsreserven in den einzelnen Vorgängen geplant. Allerdings werden die Vorgänge anfälliger für Störungen, wenn nicht mehr die vermutete Durchlaufzeit, sondern der wirkliche Arbeitsaufwand geschätzt und für die Projektplanung verwendet wird. Um den Unsicherheiten aus der Zeitschätzung von Vorgängen zu begegnen, werden die zuvor entfernten Sicherheitspolster in Form von Puffern an strategisch wichtigen Punkten des Projektplans wieder eingefügt.

Bei einem Puffer handelt es sich in der Regel um Zeiteinheiten. Diese spezifische Zeit ist reserviert für Vorgänge, die verspätet fertig gestellt wurden. Die Puffer absorbieren solche Verspätungen, wodurch ein zeitlicher Verzug für das gesamte Projekt vermieden werden kann. Es gibt drei verschiedene Arten von Puffern:

- Projektpuffer
- Zulieferkettenpuffer
- Ressourcenpuffer

Im Folgenden sollen diese verschiedenen Pufferarten und Ihre Funktionen beschrieben werden. Des Weiteren werden verschiedene Methoden für die Berechnung der einzelnen Pufferdauern vorgestellt.

11.2.3.5.1 Projektpuffer

Im klassischen Projektmanagement wird der Projektendtermin durch das Hinzufügen von Sicherheitsreserven in jeden Vorgang abgesichert. Die Nachteile und deren Folgen wurden bereits in einem vorangegangenen Kapitel ausführlich diskutiert.

Im CCPM-Ansatz werden die in den einzelnen Vorgängen enthaltenen Sicherheiten komplett entfernt. Um das Projekt jedoch weiterhin gegen Störungen zu schützen, werden diese, aus den Einzelvorgängen entfernten, Sicherheiten am Ende des Projektes hinter den letzten Vorgang der kritischen Kette als Projektpuffer wieder eingefügt. Der Projektpuffer ist eine Zeitreserve zum Schutz gegen alle Eventualitäten, die die kritische Kette und somit den rechtzeitigen Projektendtermin gefährden könnten (vgl. Lörz / Techt, 2007)

Abbildung 29 - Projektpuffer (vgl. Goldratt, 1997)

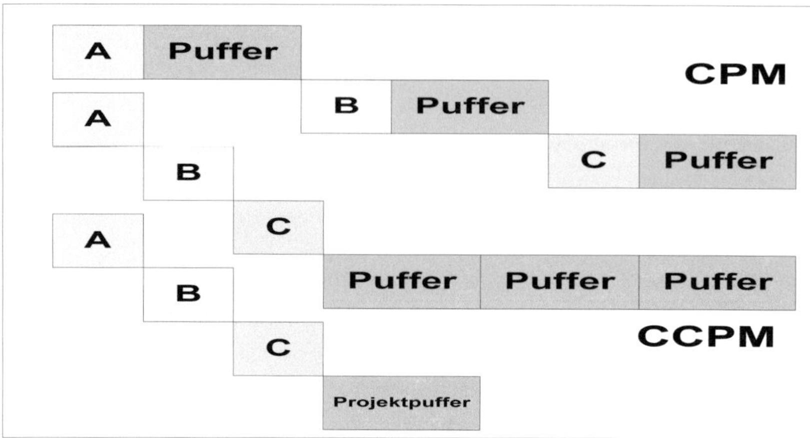

In Abbildung 29 ist zu erkennen, dass der endgültige Projektpuffer nicht komplett den zuvor entfernten Sicherheiten entspricht. Der Projektpuffer beträgt nur 50 %. Dies ist im CCPM eine übliche und von Dr. Goldratt vorgeschlagene Vorgehensweise, welche durch den statistischen Grundsatz, dass die Unsicherheit einer Summe von Geschehnissen weitaus kleiner ist, als die Summe von Unsicherheiten eines jeden einzelnen Geschehens, begründet wird (vgl. Goldratt, 1997). Allein durch die Halbierung der zuvor in den Vorgängen enthaltenen Unsicherheiten wird die gesamte Projektlaufzeit um ein Viertel verkürzt, ohne jedoch, statistisch gesehen, ein signifikant höheres Risiko des Verzugs gegenüber dem geplanten Projektendtermin aufzuweisen.

11.2.3.5.2 Zulieferkettenpuffer

Der Projektpuffer soll bei der CCPM-Methode die kritische Kette und somit den Projektendtermin absichern. Da jedoch die Nutzung des Late-Start-Prinzips bei der Planung der Vorgänge im Projekt Anwendung findet, werden automatisch alle Vorgänge zu kritischen Vorgängen. Um zu vermeiden, dass es neben den kritischen Vorgängen in der kritischen Kette zur Bildung weiterer kritischer Vorgänge im Projektplan kommt, müssen alle Vorgänge, die sich nicht auf der kritischen Kette befinden, gepuffert werden. Vorgänge, die nicht auf der kritischen Kette sind, befinden sich automatisch auf zuliefernden Pfaden, die in die kritische Kette münden. Deshalb wird der neu eingeführte Puffer auch als Zulieferkettenpuffer bezeichnet. Der Zulieferkettenpuffer schützt somit die zuliefernden Pfade, die auf die kritische Kette münden, gegen Verzug. Die Berechnung des Zulieferkettenpuffers erfolgt analog zu dem des Projektpuffers, also 50 % weniger. Die Sicherheiten aus den Vorgängen auf den zuliefernden Pfaden werden entfernt und als Puffer am Ende des Pfades, bevor der Pfad auf die kritische Kette mündet, als Sicherheit wieder eingefügt (siehe hierzu auch die folgende Abbildung Nr. 30).

Abbildung 30 - Zulieferkettenpuffer (vgl. Newbold, 1998)

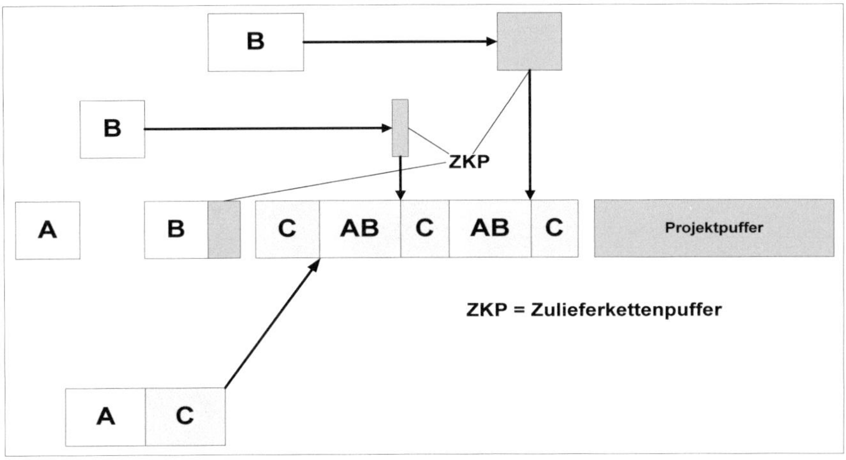

In Abbildung Nr. 30 wird das Prinzip des Zulieferkettenpuffers grafisch mit Hilfe eines Projektplans dargestellt. Durch die Pufferung der zuliefernden Pfade werden die Vorgänge auf diesen Pfaden zu nicht kritischen Vorgängen. Vorgänge auf zuliefernden Pfaden sind somit durch den Zulieferkettenpuffer und den Projektpuffer doppelt abgesichert, damit es nicht zu einem Verzug des Projektendtermins kommen kann (vgl. Patrick, 1998).

11.2.3.5.3 Ressourcenpuffer

Der Ressourcenpuffer ist kein Puffer im eigentlichen Sinne, vielmehr handelt es sich hierbei um ein Warnsystem oder eine Erinnerungsfunktion, die sicherstellen soll, dass die Ressource verfügbar ist, sobald sie einen Vorgang auf der kritischen Kette bearbeiten muss. Ressourcenpuffer werden da eingefügt, wo eine Ressource eine Aufgabe auf der kritischen Kette zu bearbeiten hat und die vorherige Aufgabe von einer anderen Ressource erledigt wurde (vgl. Newbold, 1998). Wie in der Abbildung Nr. 31 zu sehen ist, werden Ressourcenpuffer nur für Vorgänge auf der kritischen Kette verwendet.

Abbildung 31 - Ressourcenpuffer (vgl. Newbold, 1998)

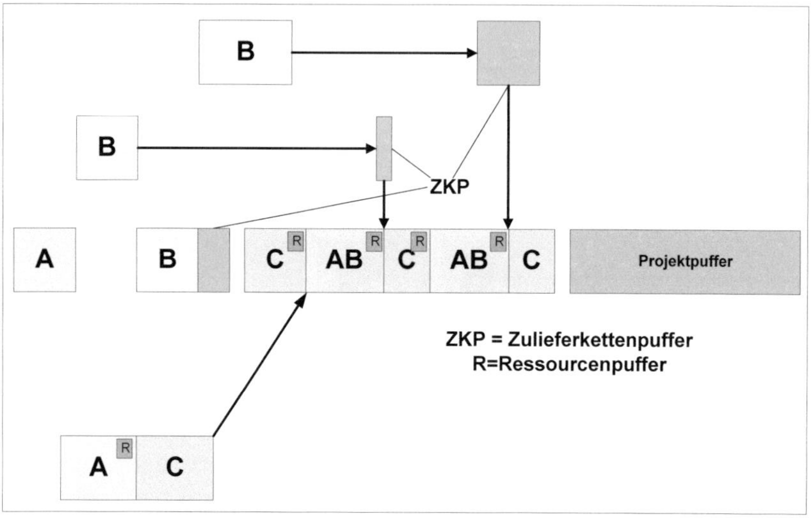

Der Ressourcenpuffer soll garantieren, dass der folgende Vorgang umgehend begonnen werden kann, sobald der aktuelle Vorgang abgeschlossen ist. Dies ist wichtig, da beim CCPM-Ansatz Zeitschätzungen nicht in Zusagen umgewandelt werden und somit die folgende Ressource zuverlässige Informationen benötigt, wann sie ihre Aufgabe beginnen kann. Des Weiteren lässt dieses Verfahren zu, dass, wenn Vorgänge früher als geplant fertig werden, dieser Zeitgewinn komplett an die folgenden Vorgänge weitergegeben wird und somit das Projekt schneller abgeschlossen werden kann.

11.2.3.5.4 Pufferberechnungsmethoden

In der Literatur wird mittlerweile eine Vielzahl verschiedener Ansätze zur Berechnung der Länge der Puffer ausführlich diskutiert. Der Grund hierfür ist, dass die Größe der Puffer einen signifikanten Einfluss auf den Projektplan hat. So können durch verschieden groß gewählte Puffer Ressourcenkonflikte entstehen oder sich sogar die längste Kette im Projekt ändern. Die Aufgabe der Puffer ist es, den Unsicherheiten in einem Projekt entgegenzuwirken. Da allerdings die Unsicherheit per Definition nie genau berechnet werden kann, ist auch immer eine statistische Fluktuation existent. Newbold schlägt deshalb vor, Puffer zu verwenden, die gut genug sind, um den Projektplan vor diesen Unsicherheiten zu schützen. Der wichtigste Puffer ist hierbei der Projektpuffer, da dieser den Fertigstellungstermin des Projektes absichert. Des Weiteren führt Newbold an, dass man in der Praxis Puffer haben will, die gut genug sind und keine, die auf komplizierten mathematischen Berechnungen basieren, welche statistisch betrachtet auch nicht genauer sein können (vgl. Newbold, 1998).

Die von Dr. Goldratt bevorzugte Variante wird als so genannte 50 %-Variante bezeichnet. Diese lineare, von Dr. Goldratt vorgeschlagene Berechnungsmethode für Puffer besticht durch die Einfachheit der Anwendung. Es werden lediglich die Vorgangsdauern einer Kette kumuliert und die Hälfte davon wird wieder als Puffer eingefügt. Dies funktioniert gleichermaßen für den Projektpuffer als auch für die Zulieferkettenpuffer.

Die Abbildung 32 zeigt den Unterschied zwischen der klassischen CPM- und der CCPM-Methode mit der 50 %-Variante auf. Die in den Vorgängen eingebauten Sicherheiten wurden entfernt, sodass nur der durchschnittliche Arbeitsaufwand vorhanden bleibt. Die entfernten Vorgangsdauern werden über die gesamte Kette aufaddiert und 50 % davon werden als Puffer am Ende wieder eingefügt, um den existierenden Unsicherheiten zu begegnen.

Abbildung 32 – 50 %-Variante (vgl. Goldratt, 1997)

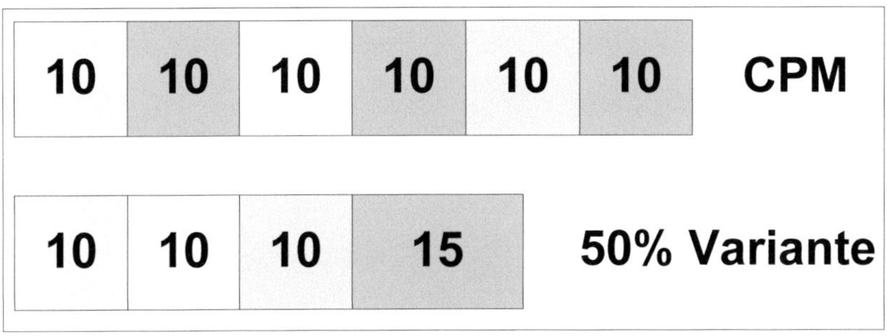

Diese Methode der Puffergenerierung ist sehr einfach und es werden Puffer generiert, die in der Regel groß genug sind um die Unsicherheiten aufzufangen. Allerdings weist diese auch einige Schwächen auf. So steigt die Länge des Puffers linear mit der Länge der Kette. Hierdurch entstehen bei Projekten mit langen Laufzeiten zu große Puffer, welche dann unter Umständen gar nicht benötigt werden (vgl. Leach, 1998). Ein zwei Jahre dauerndes Projekt hätte mit dieser Pufferberechnungsmethode allein einen Projektpuffer von einem Jahr.

Darüber hinaus gibt es einige Modelle zur Pufferberechnung mit sehr hohem Rechenaufwand wie z.B. die Root Square Error Methode (RSEM), deren Aufwand-Nutzen-Verhältnis in der Praxis auch erst noch aufgezeigt werden muss. Auf weitere Schätz-methoden wie sie in der Softwareentwicklung verwendet werden, wird im Kapitel 8.2 noch einmal kurz eingegangen werden.

11.3 Die wesentlichen Unterschiede zum herkömmlichen PM

Fassen wir das Ganze noch einmal kurz zusammen, dann ergeben sich die folgenden wesentlichen Unterschiede zwischen den herkömmlichen Methoden und dem Critical Chain Project Management:

Tabelle 5 - Wesentliche Unterschiede

Normales Projektmanagement	Critical Chain Projekt Management
Puffer auf den jeweiligen Einzelaktivitäten im Projektverlauf	Einzelaktivitäten enthalten keinen Puffer. Die Einzelpuffer werden bei kritischen Vorgängen als Gesamtpuffer an das Projektende angefügt. Für nicht-kritische Vorgänge werden die Einzelpuffer ebenfalls zu einem Puffer zusammengefasst und direkt vor einem kritischen Vorgang als so genannte Zubringerpuffer eingefügt. Aufgrund statistischer Gesetze können der Gesamtpuffer und die Zubringerpuffer im Allgemeinen deutlich kürzer gewählt werden als die Summe der jeweils zugehörigen Einzelpuffer.
Keine Berücksichtigung der Verfügbarkeit der Ressourcen bei der Planung.	Planung unter Einbeziehung der Verfügbarkeit von Ressourcen.
Feste Terminvorgaben für Mitarbeiter.	Keine festen Terminvorgaben, Prinzip: so schnell wie möglich.
Multitasking existiert, auch gefördert durch die Einzelpuffer ist der Mitarbeiter empfänglicher für Störungen	Kein Multitasking, konsequentes Arbeiten an der zugeordneten Aufgabe.

Normales Projektmanagement	Critical Chain Projekt Management
Prinzip der Vollauslastung jeder einzelnen Ressource	Bewusstes Akzeptieren von Leerlaufzeiten
Keine Entlastung von Aufgaben aus dem Tagesgeschäft für Mitarbeiter, die an kritischen Vorgängen arbeiten.	Mitarbeiter, die an kritischen Vorgängen arbeiten, werden vom Tagesgeschäft entlastet (kein Telefon, keine E-Mails, keine anderen Aufgaben etc.). Somit kommt es zum Zeitgewinn.
Meilensteine werden definiert und in die Planung aufgenommen.	Verzicht auf Meilensteine (wobei dies in der Literatur unterschiedlich diskutiert wird)
Variationen werden nicht berücksichtigt.	Variationen werden berücksichtigt.

12 CRITICAL CHAIN PROJECT MANAGEMENT ALS ANSATZ FÜR SOFTWAREENTWICKLUNGSPROJEKTE

12.1 Grundsätze zur Beachtung

Bei der konkreten Umsetzung im Rahmen eines Softwareentwicklungsprojektes ist es wichtig, gemeinsam zwischen den Beteiligten einen Umgang mit der Schätzungsungenauigkeit bzw. den Sicherheitsreserven zu definieren. Vermeidbar sind diese bedingt durch die oftmals ungenauen Anforderungen im frühen Stadium nicht. Auch hier können wir auf die auch schon in Kapitel 11.2.1 aufgezeigte Gauss-Verteilung verweisen. Im Rahmen der Theory of Constraints (vgl. Goldratt, 1997) wird angenommen, dass sich das Verhältnis vom tatsächlichen Aufwand zum geschätzten Aufwand in etwa so verhält wie es in Abbildung 33 dargestellt wird.

Abbildung 33 - Aufwandsverhältnis (vgl. Goldratt, 1997)

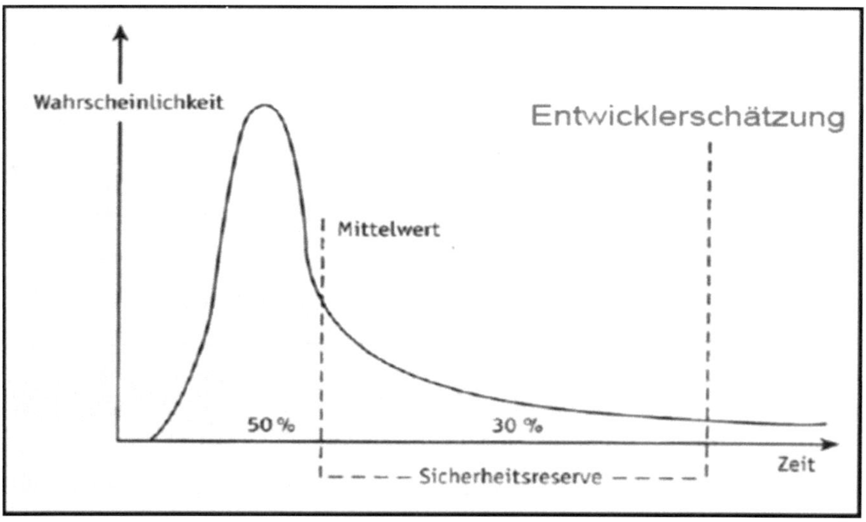

Gründe, die hier auf Ebene der Entwickler einfließen, sind sehr unterschiedlich. Wichtig ist, dass die Sicherheitsreserven aus den einzelnen Aufgaben herausgenommen und dem Projekt oder Iterationsende zugeschlagen werden. Dies bedeutet, dass unabhängig vom angewendeten Schätzverfahren, eine Verhaltensregel bei den Mitarbeitern etabliert werden muss. Ohne die Akzeptanz durch die einzelnen Mitarbeiter wäre dieses Vorgehen zum Scheitern verurteilt und es würden sich weiterhin Sicherheitsreserven einschleichen.

12.2 Schätzmethoden als Grundlage

Es gibt unterschiedlichste Schätzmethoden zur Ermittlung von Aufwänden in einem Softwareentwicklungsprojekt. Anbei sollen einige Methoden oder auch Schätztechniken genannt, erwähnt werden, ohne jedoch genauer darauf einzugehen (vgl. Oestereich / Weiss, 2008):

- Ermittlung des Aufwandes über das Lines of Code-Verfahren (LoC)
- Anwendung der Function-Point-Bewertung zur fachlichen und funktionalen Bewertung des Systems. Die konkrete Aufwandsermittlung erfolgt dann in Verbindung mit z.B. Cocomo.
- Constructive Cost Model, kurz CoCoMo. Mit Hilfe von mathematischen Funktionen wird ein Zusammenhang zwischen gewissen Softwaremetriken und den Kosten eines Projekts dargestellt.
- Best Practice Methode, Vergleich mit vorangegangen, sehr ähnlichen Projekten (kann jedoch im Softwarebereich, so nach Einschätzung des Autors, hochriskant sein).
- Expertenschätzung, im Rahmen einer gemeinsamen Schätzklausur oder als aneinander gereihte Einzelschätzungen, die dann miteinander verglichen werden.
- Dreipunktschätzmethode, wobei die an der Schätzung beteiligten Personen jeweils einen hohen, einen mittleren und einen niedrigen Wert angeben.

Die im Zusammenhang mit Critical Chain Management oder der Theory of Constraints oft aufgeführte Schätzmethode ist die zuletzt erwähnte Schätzmethode die so bezeichnete Dreipunktschätzung. Die Schätzgenauigkeit für eine Vorgangsdauer, kann bei der Dreipunktschätzmethode durch Einbeziehen der Risikomenge in die Originalschätzung verbessert werden.

Die Dreipunktschätzungen basieren, wie im Folgenden erwähnt, auf der Bestimmung dreier Arten von Schätzungen (vgl. Gartner, 1999):

- Die wahrscheinlichste Dauer: Die Dauer des Terminplanvorgangs, entsprechend der Einsatzmittel, die wahrscheinlich zugewiesen werden; ihre Produktivität, realistische Erwartungen bezüglich der Verfügbarkeit für den Terminplanvorgang, Abhängigkeiten von anderen Beteiligten und Unterbrechungen.

- Die optimale Dauer: Vorgangsdauer basierend auf einem „Best-Case-Szenario" (Bester-Fall-Vorstellung), also basierend darauf, was in der am wahrscheinlichsten Schätzung beschrieben wurde.

- Die pessimistische Dauer: Die Vorgangsdauer basierend auf einem „Worst-Case-Szenario" (Schlechtester-Fall-Vorstellung), ebenfalls basierend auf den Ergebnissen der wahrscheinlichsten Schätzung.

Die Schätzung der Vorgangsdauer kann mit Hilfe des Mittelwerts aus den drei Aufwandsermittlungen erstellt werden. Dieser Mittelwert liefert oft eine genauere Schätzung der Vorgangsdauer als die Ein-Punkt-Schätzung des Szenarios „Am wahrscheinlichsten". Je nach Komplexität der Projektaufgabe und der Risiken des Projektes können auf Basis einer Drei-Punkt-Schätzung Puffer für die Aufgabe gebildet werden. Bei einfachen Aufgaben könnte die Differenz oder beispielsweise die Hälfte der Differenz zwischen „optimistischer und wahrscheinlicher" Schätzung in den Zulieferpuffer oder den Gesamtpuffer eingeplant werden; bei komplexeren Themen dann eher die Differenz zwischen wahrscheinlicher und pessimistischer Schätzung. Für eine erste Erprobung des CCPM in der Praxis ist diese Methode meiner Einschätzung nach am besten geeignet, da hochwissenschaftliche Berechnungen entfallen und es wird auf Basis der Experten geschätzt und individuell je nach Aufgabe der Puffer angesetzt. Wichtig ist, dass die Erkenntnisse aus der Durchführungsdauer zurückgespielt werden an die Verantwortlichen für das Projektmanagement. Aus diesen Erkenntnissen ergibt sich die Möglichkeit, die Schätzsicherheit bei Folgeprojekten noch zu erhöhen.

12.3 Denkbarer Ablauf im Rahmen einer Iteration

Abgeleitet von den typischen Anforderungen und Schwierigkeiten, die in einem komplexen Softwareprojekt (wie z.B. CRM Entwicklung) vorherrschen und der Tatsache, dass einige Aktivitäten und deren Abhängigkeiten im Vorfeld nicht genau bekannt sind, lässt sich vermuten, dass die CCPM-Methode für die Softwareentwicklung eher ungeeignet ist. Hier ist ein erfahrenes Planungs- bzw. Projektmanagement-Team notwendig, das über unterschiedliche Kenntnisse verfügt, um das Ganze auf die Rahmenbedingungen in der Softwareentwicklung zu adaptieren.

Statt starr an der genauen Planung und Ermittlung des konkreten Aufwandes der kritischen Kette festzuhalten, sollte mit den entsprechenden Annahmen gearbeitet und Unsicherheiten akzeptiert werden. Im ersten Schritt ist es wichtig, eine Transparenz über die voraussichtlich kritischen Aufgaben im Projektverlauf herzustellen. Diese Aufgaben bedürfen der besonderen Aufmerksamkeit und es sollte versucht werden, optimale Rahmenbedingungen zur Bewältigung dieser Aufgaben zu erzielen (analog der Aufgabe eines Scrummasters bei Scrum). Zur Ermittlung dieser Aufgaben und möglicher Hindernisse ist der Einsatz der TOC-Denkprozesse durchaus sinnvoll.

Ausgehend von der Annahme, dass man sich in einem agilen Softwareprojekt mit mehreren Iterationen befindet sieht der Ablauf wie folgt aus:

Vor dem Start der Iteration meldet jeder Arbeitspaketverantwortliche die für ihn zeitlich am höchsten priorisierte Zulieferleistung bzw. generell die durch ihn identifizierten Zulieferungen bei denen eine direkte Abhängigkeit besteht. Er identifiziert ebenfalls, welche dieser Zulieferleistungen in Bezug auf die Zeit die höchste Priorität haben. (vgl. Oestereich / Weiss, 2008): Diese stellen möglicherweise im Rahmen der Iteration einen Engpass dar. Durch den Vergleich der Meldungen zu den einzelnen Aufträgen ist die Projektleitung in der Lage, mit Blick auf den gesamten Umfang der Iteration oder in einzelnen Fällen auch dem Gesamtprojekt, kritische Ketten in Teilbereichen zu identifizieren.

Durch die Vielfältigkeit der Aufgaben und das Arbeiten in unterschiedlichen Teilgebieten existieren in einem normalen Softwareentwicklungsprojekt mehrere kritische Ketten. Die Personen, die an den kritischen Arbeitsaufträgen arbeiten, werden bewusst von allen anderen Aufgaben entbunden. Die Arbeitsaufträge werden in der Planung für alle sichtbar markiert, die Bearbeiter mit ihrer Sonderrolle kenntlich gemacht. Kann die Aufgabe gestartet werden, ist es wichtig, dass sich der jeweilige Bearbeiter voll auf seine Aufgabe konzentrieren kann. Vermeidung von Multitasking steht hier an erster Stelle.

Vorteile könnten sich für diesen Ansatz noch ergeben wenn man dieses konzentrierte Vorgehen mit den Ansätzen des Pair-Programming verknüpft. In diesem Fall würden also zwei Personen die schnellstmögliche Abarbeitung der kritischen Bereiche durchführen. Die restlichen Projektmitglieder müssen ihre Aufgaben, sofern diese nicht als Teile der kritischen Kette identifiziert wurden unterordnen, sobald die Bearbeiter der kritischen Kette Support benötigen. Es muss allen Beteiligten klar sein, wer im Moment die entscheidenden Aufgabenträger sind und dass die Verzögerung deren Aufgaben eine unmittelbare Auswirkung auf das Gesamtprojekt haben (vgl. Lörz / Techt, 2007).

Wichtig ist auch, dass die Verantwortlichen der kritischen Aufgaben miteinander stets in Kontakt stehen, um sich mitzuteilen, wann die Aufgabe beendet ist und wie die Übergabe an den Nächsten erfolgen kann. Denkbar wäre zur Übergabe auch ein kurzes Meeting (ähnlich dem Daily Scrum), welches nicht länger als 15 Minuten dauern sollte, mit dem Ziel, dem ganzen Team klarzumachen, dass es jetzt einen neuen kritischen Themen-Bearbeiter gibt, der die volle Unterstützung benötigt.

Wichtig ist hier, dass - im Gegensatz zum heute vorherrschenden Vollauslastungsprinzip die Personen, die ebenfalls an den identifizierten kritischen Aufgaben arbeiten, rechtzeitig ihrer anderen Aufgaben entbunden bzw. von Beginn an mit „Unterlast" verplant werden. Nur so ist die reibungslose Übergabe der Aufgabe möglich. Auch hier können sich Synergien aus den Ansätzen des Pair-Programming ergeben. Sollte es zum Verzug kommen, müsste zumindest einer des zweiköpfigen Teams sofort mit der kritischen Aufgabe beginnen, während der andere die in Verzug geratene Aufgabe abschließt.

12.4 CCPM gespiegelt an den Hauptproblemen der Softwareentwicklung

Da es relativ wenige Ansprechpartner gibt, die praktische Erfahrung im Umfeld von CCPM in der Softwareentwicklung haben, fand ein Telefoninterview mit Herrn Uwe Techt, Autor des Buches „Critical Chain" und langjähriger TOC- und CCPM-Experte statt. Im Gespräch wurden die CCPM-Ansätze auf die typischen Softwareentwicklungsprobleme – siehe dazu unter anderem auch Kapitel 6.1 - projiziert.

- **Unklare bzw. ungenaue Anforderungen:**

  Ein Teil unklarer Anforderungen entsteht dadurch, dass „so früh wie möglich" begonnen wird, während „Full-Kit" im Rahmen von CCPM dafür sorgt, dass erst begonnen wird, wenn notwendige Klärungen erfolgt sind.

  Ein weiterer Teil unklarer Anforderungen kommt zustande, weil der Kunde seine eigenen Anforderungen zum Startzeitpunkt des Projekts selbst noch gar nicht kennt. Dies muss in der Projektplanung berücksichtigt werden, sowohl bei CCPM als auch bei allen anderen Ansätzen.

Nicht unerheblich für die Problematik ist oft auch die Tatsache, dass dem IT-Unternehmen / dem IT-Bereich die Tools fehlen, um Anforderungen klar zu erheben und darzustellen – auch dies ist unabhängig von der CCPM-Methode.

- **Nicht genügend Zeit zur Vorbereitung (Initialisierung):**

Zu wenig Zeit für die Vorbereitung oder Initialisierung hat man dann, wenn für die Durchführung zu lange gebraucht wird. Das ist der häufigste Grund für einen frühen Anfang und dadurch stolpert man über ungenaue Vorbereitungen und erzeugt Multitasking, Desynchronisation und „Peanut Butter Spread". Die Folge davon: ist das alles viel länger dauert. Die Zeit für Vorbereitungen fehlt. Mit anderen Worten: Nicht genügend Zeit für Vorbereitungen zu haben ist ein Effekt innerhalb eines selbst verursachten Teufelskreises. Solche selbst verursachten Teufelskreise haben den Vorteil, dass man auch selbst wieder Ansätze finden kann, um aus diesem wieder herauszukommen.

Wechselnde bzw. neue Anforderungen (Change Requests):

Critical Chain (CC) ist ein Freund wechselnder und neuer Anforderungen, denn während üblicherweise jeder Änderungswunsch eines Kunden einen Aufschrei des Lieferanten, verbunden mit der Forderung nach mehr Zeit und mehr Geld nach sich zieht, weiss man mit CC ganz genau, welche meist wenigen Änderungswünsche tatsächlich zu einer Verzögerung führen. CC sorgt für Transparenz. In der Praxis erlebt man deshalb immer wieder, dass der Kunde bereit ist, sich auf die veränderte Situation einzustellen und nach Kenntnisnahme und Aufklärung über die Situation auf eine vorher notwendig erscheinende potentielle Änderung verzichtet.

- **Personalfluktuation bzw. Prioritätskonflikte zwischen Projekten bzgl. Personaleinsatz:**

Die Führungskräfte auf unterster Ebene bekommen durch CC eine eindeutige Priorisierung, die immer so lange aufrecht erhalten wird bis der aktuell laufende Task abgeschlossen ist. Das ist der eigentliche Durchbruch von CC: Eindeutige, stabile Prioritäten im Tagesgeschäft auf Basis von Fakten und nicht auf Basis der oft angewendeten Technik „Wer am lautesten und aggressivsten schreit, bekommt zuerst was er benötigt".

- **Geringe Budgets, Kostendruck bzw. falsche Abschätzung, Budgetstreichung im Projektverlauf:**

TOC fokussiert das Unternehmen auf Durchsatz. Das führt bereits zu einer anderen Auswahl bzw. strategischen Priorisierung von Projekten und einer abnehmenden Dominanz von Kostenaspekten in der Projektrealisierung.

- **Technologiewandel während der Projektlaufzeit:**

  Wenn sich die technischen Rahmenbedingungen eines Projektes grundsätzlich ändern, entsteht ein neues Projekt – wie in jeder anderen Umgebung auch.

- **Spannungsfeld zwischen Fachbereichen, IT-Abteilungen und letzten Endes auch dem Betrieb:**

  Spannungsfelder zwischen den Beteiligten lassen sich im Rahmen der Vorbereitung mit dem Einsatz der Logikbäume und des TOC-Denkprozesses sehr gut darstellen und mit einer grafischen Aufbereitung werden visualisierte Grundlagen geschaffen, um diese „Zielkonflikte" zu identifizieren und aufzulösen.

12.5 CCPM in der Softwareentwicklung

Durch die Reduzierung der bisher üblichen Pufferzeiten und der unvermeidlichen „Doppelpufferung" durch den Puffer des Mitarbeiters und den Projektleiterpuffer sowie das konsequente Vermeiden von Multitasking für die einzelnen Ressourcen und die regelmäßige und zeitnahe Kommunikation hat Critical Chain Project Management schon heute die Möglichkeit Einfluss auf das in den Entwicklungsprojekten teilweise chaotische Vorgehen zu nehmen.

Auch die kontinuierliche Überprüfung des Projektes und die permanente Identifikation der Engpässe sind sehr sinnvoll. Ebenfalls von höchster Wertigkeit ist die Berücksichtigung der tatsächlichen Ressourcenverfügbarkeit schon vor der Projektplanung. Für einzelne IT-Projekte ist der Wirkungsgrad beim Einsatz allerdings eher klein. Grundsätzlich gilt: Je höher der Vernetzungsgrad einzelner Projekte ist, desto wirkungsvoller ist auch der Einsatz der CCPM-Methode in der Softwareentwicklung.

13 WARUM HAT SICH CCPM BISHER NICHT DURCHGESETZT BZW. WIRD ES SICH IN ZUKUNFT DURCHSETZEN KÖNNEN?

Die Einführung von Critical Chain Project Management stellt eine massive Veränderung für das beteiligte Unternehmen dar. Es geht hier nicht nur um die Veränderung von Prozessen bzw. Abläufen, sondern auch um die erfolgreiche Veränderung des Verhaltens jedes Einzelnen. Dabei handelt es sich um einen massiven Eingriff in die bisher bestehende Unternehmens- bzw. Projektkultur. Eine solche Veränderung kann nur erfolgen, wenn auch das Top-Management voll und ganz hinter CCPM steht und alle Beteiligten durch eine gemeinsame Vision von dieser Veränderung zu überzeugen sind. Blickt man auf die Kapitel am Anfang dieser Thesis und die typischen Probleme in IT-Projekten zurück, dann ist man sehr schnell an dem entscheidenden Punkt angelangt, dass, ohne die Rahmenbedingungen grundlegend zu verändern, auch die CCPM-Methode keinen nachhaltigen Erfolg bringen wird. „Ganz oder gar nicht" lautet die Devise und ganz kann hier nur bedeuten, dass auch Problemstellungen gelöst werden müssen, die auch jeder anderen Methode Vorteile verschaffen würden. Genau diese umfangreichen Veränderungen in Organisationsstrukturen und Verhaltensweisen machen eine Umstellung auf TOC bzw. CCPM so schwierig.

14 ERFOLGSFAKTOREN BEI EINER MÖGLICHEN EINFÜHRUNG

14.1 Changemanagement für die Einführung von CCPM

Eine neue Projektmanagementmethode einschließlich der dazugehörigen Prozesse und Standards ist für jedes Unternehmen eine große Herausforderung. Bei der Einführung von CCPM handelt es sich um einen solchen komplexen Veränderungsprozess, der als Projekt aufgesetzt werden sollte. Funktionieren kann das Ganze auch nur, wenn es vom Top-Management getragen wird. Dieser Ansatz wird auch als Top-Down Ansatz bezeichnet (vgl. Leach, 1998).

Der Critical Chain Ansatz verlangt neue Verhaltensweisen von allen Führungskräften, aber auch von den Mitarbeitern bis hin zu Partnerunternehmen und Kunden. Daher ist es unumgänglich, dass alle Führungskräfte bei der Erarbeitung des Ansatzes involviert und motiviert sind. Es muss auch allen Beteiligten klar sein, dass es keinen Sinn macht, halbherzig an die Sache heranzugehen. Die bestmögliche Nutzung erfolgt durch die konsequente Anwendung des CCPM-Ansatzes für alle Projekte im Projektportfolio. Natürlich lassen sich auch in jedem einzelnen Projekt Erfolge mit CCPM erzielen, aber um das Ganze nachhaltig für Unternehmen zu etablieren ist es sinnvoll, die Erfolge auf das gesamte Projektportfolio wirken zu lassen.

Da Veränderungen auf allen Ebenen und in unterschiedlichsten Thematiken notwendig werden, geht Leach in seinem Buch „Critical Chain Project Management“ darauf ein, dass die Einführung von CCPM als Veränderung für das gesamte Managementsystem zu sehen ist und empfiehlt hier den Changemanagementprozess entlang des so genannten „Seven–S-Modells“, aufzusetzen (vgl. Leach, 1998). Auf das Modell werde ich im folgenden Kapitel näher eingehen. Nur durch die konsequente Berücksichtigung aller Faktoren kann eine solch komplexe Einführung zum Erfolg werden.

14.2 Das Seven-S-Modell - passend für CCPM

Das Seven-S-Modell wurde in den 70er Jahren von den damaligen McKinsey-Beratern Richard Pascale, Tony Athos, Tom Peters und Robert H. Waterman entwickelt. Im Rahmen ihrer Arbeit wollten sie beweisen, dass nicht nur die berechenbaren Kennzahlen eines Unternehmens, sondern vor allem die in den Unternehmen beschäftigten Menschen und deren Werte für den Erfolg oder Misserfolg einer komplexen Veränderung verantwortlich sind. Bei der Entwicklung Ihres Ansatzes unterteilten sie damit die Unternehmen in die folgenden Bereiche:

- Strategie (strategy)
- Struktur (structure)
- Systeme (systems)
- Fähigkeiten (skills)
- Mitarbeiter (staff)
- Stil (style/culture)
- Gemeinsame Werte (shared values/superordinate goals)

Abbildung 34 - Seven-S-Modell (Leach, 1998)

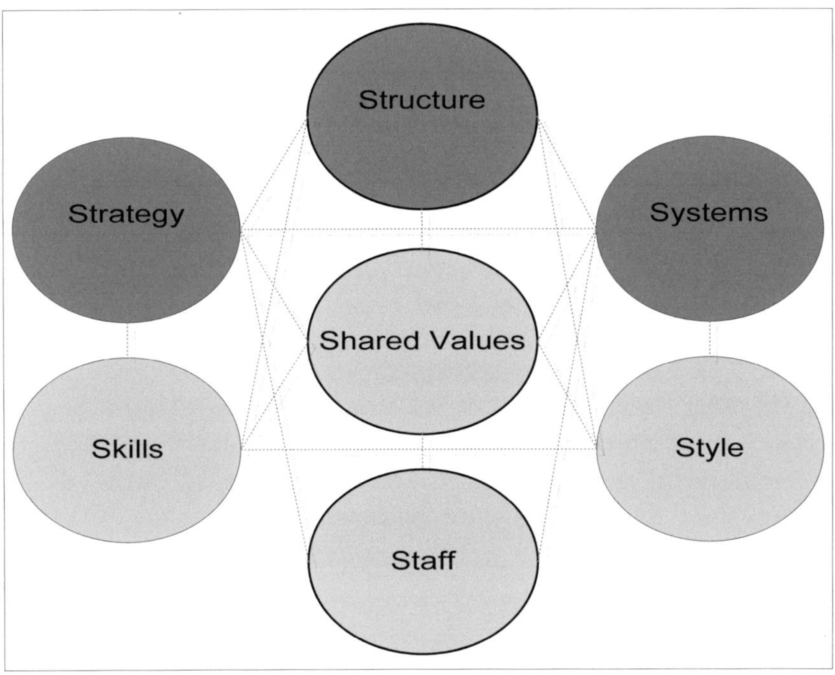

Dabei werden so genannte „harte Faktoren“ („strategy, structure, systems" - auch kaltes Dreieck) und „weiche Faktoren“ („skills, staff, style, shared values" - auch warmes Viereck) unterschieden. Während die harten Faktoren leichter zu erfassen und zu beurteilen sind, ist die Einschätzung der weichen Faktoren deutlich schwieriger. Sie sind aber mindestens ebenso wichtig für ein Unternehmen (vgl. Leach, 1998).

Gerade in Umgestaltungs- und Change-Prozessen konzentrieren sich viele Unternehmen auf die harten Faktoren. „Fakten, Fakten, Fakten“ wie man so schön sagt. Die weichen Faktoren finden dagegen weniger Beachtung. Gerade die weichen Faktoren jedoch können den entscheidenden Ausschlag für den Erfolg der Change-Prozesse geben, da neue Strukturen und Strategien kaum auf völlig entgegen gesetzte Kulturen und Werte aufgebaut werden können (vgl. Houben / Frigge, 2007).

Das Seven-S-Modell mit seinem ganzheitlichen Ansatz ist also gut geeignet, um einen Veränderungsprozess in Richtung CCPM einzuleiten und die Akzeptanz zu sichern. Weiche Faktoren spielen hierfür eine erhebliche Rolle, denn pufferfreie Planung und sofortige Fertigstellungsmeldung erfordern deutliche Veränderungen bei den einzelnen Beteiligten.

14.3 Pilotierung von Critical Chain Project Management

Auch wenn das Wirkungspotential, wie auch schon in Kapitel 14.1 dargestellt, eher in der Ganzheitlichkeit und in Programmen oder im Multiprojekt- beziehungsweise im Portfoliomanagementumfeld zu suchen ist, so wird es nur sehr wenige Firmen geben, die von Anfang an bereit sind eine sofortige, vollständige Umstellung ihres bisherigen Projekt-managements zu bewirken.

Mit Blick auf die Akzeptanz einer solchen Veränderung ist dann eventuell doch eine Pilotierung von CCPM hilfreich. Auch Leach hat diese Erfahrung immer wieder gesammelt. Sinngemäß kommt er zu dem Schluss, „Ich habe immer versucht den Ansprechpartnern von der Idee eines Pilotprojektes abzuraten, aber diese Empfehlung sei niemals von Erfolg gekrönt gewesen“ (Leach 2005, S. 206). Um eine Pilotierung, wenn Sie also zwingend gefordert wird, richtig vorzubereiten empfiehlt Leach die folgenden Punkte zu beachten (vgl. Leach, 2005):

- Als wichtigster Punkt: Auswahl und Benennung eines Projektleiters, der CCPM einführen will

- Klare Spezifikation der Erwartungen an das Projekt (Nutzen und Ergebnisziele)
- Vollständige Klärung des Projektauftrag und der Projektabgrenzung
- Sofern möglich Wahl eines Projektes in dessen Rahmen die Ressourcen annähernd ausschließlich dem Projekt zur Verfügung stehen, um Multitasking außerhalb des Projektes von Beginn an zu vermeiden.
- Schulung des gesamten Teams mit Blick auf das gewählte Vorgehen und dessen Besonderheiten.
- Die Entwicklung der Planung mit dem gesamten Team durchführen, Verantwortungen definieren und sicherstellen, dass die Teammitglieder diese Verantwortung auch übernehmen.
- Klärung der vorliegenden Rahmenbedingungen, wie z.B. die Planungssoftware und administrative Punkte wie Arbeitszeitverbuchung etc., schon vor dem Kick Off des Projektes.
- Sicherstellen, dass die „normalen" Projektmanagementprozesse nicht ausgehebelt werden, sondern Grundlage für diese erste CCPM-Durchführung sind.
- Sehr enges Monitoring des Teams und dessen Befinden, um frühzeitig Konflikte verhindern zu können.

Wenn zumindest diese Punkte als Grundlagen beachtet werden, kann eine Pilotierung von Critical Chain Projectmanagement durchaus erfolgreich verlaufen.

14.4 Ganzheitliche Einführung von Critical Chain Project Management

Wie auch schon in vorherigen Kapiteln erläutert ist und bleibt die generelle Veränderungsbereitschaft das Kernelement für eine erfolgreiche Einführung. Nur wenn diese vorhanden ist oder z.B. durch eine erfolgreiche Pilotierung geweckt werden kann und eine solche Einführung wirklich als komplexe Veränderung verstanden und mittels professionellem Changemanagement betrieben wird (siehe auch Seven-S-Modell), kann eine solche strategisch wichtige Veränderung erreicht werden. Letzten Endes hängt der Erfolg einer solchen Veränderung davon ab, wie gut die weichen Faktoren im Zusammenspiel berücksichtigt wurden (vgl. Houben / Frigge, 2007). Nicht nur die weichen Faktoren der Mitarbeiter, sondern auch die weichen Faktoren im Top-Management müssen beachtet werden, denn wie lautet die von Leach persönlich favorisierte Antwort im Kontext von Einwänden zur Einführung von CCPM so schön: „Wir können nicht etwas implementieren was uns so deutlich verbessert, denn sonst entsteht die Meinung, dass ich bisher einen schlechten Job gemacht habe." (Leach, 2005, S. 208).

Zurück zum Ausgangspunkt dieses Kapitels: Zwingende Voraussetzung für den Erfolg ist ein Sponsor aus dem Top-Management..

15 WELCHE SOFTWARE UNTERSTÜTZT CRITICAL CHAIN PROJECT MANAGEMENT?

Projekte mit entsprechender Komplexität und Größe erfordern auch eine vernünftige Software, um die Projektplanung und Projektsteuerung zu unterstützen.

In Deutschland ist in erster Linie die Software Microsoft-Project weit verbreitet. Microsoft-Project selbst unterstützt jedoch kein Critical Chain Projectmanagement. Um die speziellen Anforderungen des CCPM zu erfüllen sind Zusatzprodukte von Drittanbietern notwendig. Im Bereich CCPM gibt es mittlerweile zwar einige Anbieter, die sich gerade im Bereich von Einzelprojekten auch nur marginal in ihrer Qualität unterscheiden.

Im Einsatz für Programme oder Großprojektmanagement gibt es allerdings noch erhebliche Unterschiede in der Qualität und im Funktionsumfang der Software.

Die meisten Softwareanbieter für Planungstools mit CCPM Unterstützung kommen aus den USA und sind in großen wie auch in kleinen Unternehmen im Einsatz. Deutschsprachig bleibt eigentlich nur die Software Project Scheduler in der Version 8 entwickelt von der Firma Le Bihan (früher Scitor).

Im Folgenden werden die mir bekannten Anbieter aufgeführt und eine grobe Bewertung nach Funktionalität für EPM und MPM bzw. Unterstützung für MS-Project durchgeführt (siehe Tabelle 6 auf der Folgeseite) (vgl. Techt / Lörz, 2007).

Tabelle 6 - Vergleich Software für CCPM

Software	Anbieter	Land	CCPM	EPM	MPM	Sprache	MS-Project Unterstützung
Concerto	Realization Inc.	USA				Englisch	Nur Englisch
ProChain	ProChain Solutions	USA	++	++	++	Englisch, Deutsch	Nur Englisch
PS 8	Le Bihan	Deutschland	++	++	++	Deutsch	Nicht bekannt
CC Pulse	Spherical Angle	USA	++	++	+	Deutsch	Nur Englisch
CCPM	Advanced Projects	USA	++	++	+	Englisch	Nur Englisch
C3 Projects	In2solutions	Deutschland	0	0	0	Deutsch	Nicht bekannt
Cando 3.1	Cando Projects	Deutschland	0	+	0	Deutsch	Nicht bekannt
Primavera	Intec	Deutschland	0	0	0	Deutsch	Nicht bekannt

Letztlich muss auch die Verfügbarkeit der unterstützenden Software in den Entscheidungsprozess zur Einführung von Critical Chain Project Management mit einfließen. Für MS-Project, der meist genutzten Software ist solch ein Zusatz zurzeit nur in englischer Sprache möglich. Gegebenenfalls wäre sogar ein Wechsel auf die englische Version von MS-Project notwendig. Dies ist keine unerhebliche Entscheidung, die es auch im Rahmen der Überlegungen zur Einführung von Critical Chain Project Management zu beachten gilt.

16 Handlungsempfehlung bezüglich des Einsatzes von Critical Chain Project Management

16.1 Zusammenfassung

Die wachsenden Anforderungen der Wirtschaft und des Wettbewerbes verlangen in der heutigen Zeit immer speziellere Aufgaben im Bereich Management und Organisation. Aus diesem Grund werden Vorhaben in Unternehmen immer öfters in Form von Projekten bewältigt. Zu den Aufgaben gehört es, dass das Management und die Organisation sich eingehend mit den Methoden des Projektmanagements auseinandersetzen und permanent prüfen, ob es neue Ansätze zur Verbesserung gibt. Die Critical Chain Management Methode ist eine Methode, die aus diesen Anforderungen gewachsen ist, sei es durch die kürzere Zeit bis zu der Markteinführung eines neuen Produktes oder durch die Verkürzung der Durchlaufzeit bestehender Projekte.

Die Integration neuer Methoden in ein Unternehmen bedeutet aber gleichzeitig auch eine Veränderung der Kultur im Unternehmen. Die Einführung erfordert nicht nur eine Veränderung der Prozesse, sondern auch grundlegende Verhaltensänderungen bei allen Beteiligten. Die Anwendung von Critical Chain Projektmanagement setzt voraus, dass das Arbeiten mit dieser Methode seitens der Auftraggeber und des übergeordneten Managements getragen und unterstützt wird. Critical Chain Projektmanagement ist eine innovative Methode und erfordert die Bereitschaft von Management und Auftraggeber, sich auf visionäre Veränderungen einzulassen. Ist dies nicht der Fall, ist die Basis zur Einführung von Critical Chain Projektmanagement nicht gegeben.

Was einen möglichen Einsatz von Critical Chain Project Management angeht ist es auf jeden Fall ratsam, sich mit den gängigen Methoden des Projektmanagements auseinanderzusetzen. Es sollte für jedes einzelne Projekt eine geeignete Methode gefunden und angewandt werden. Den eines ist klar, Critical Chain ist nicht für jedes Projekt anwendbar, bzw. es ist nicht das „Allheilmittel" da es in der vielfältigen Welt des Projektmanagements auch Projekte gibt, die spezielle Durchführungsweisen erfordern oder bei denen es ein ganzes Set von Rahmenbedingungen zu beachten gilt.

Gerade in Projekten aus der Softwareentwicklung haben, für eine erfolgreiche und schnelle Abwicklung eines Projektes viele weitere Faktoren, neben dem Projektmanagement, eine große Bedeutung:

- Einsatz von Standardwerkzeugen und Standardinfrastruktur
- Minimierung und Priorisierung der Anforderungen
- Starke Einbeziehung der tatsächlichen Endanwender der herzustellenden Software, nicht wie in vielen Fällen nur die IT-Abteilung eines Konzerns (Beispiel CRM-Software: Anforderungen mit Mitarbeitern aus den Call Centern abstimmen. Mitarbeiter aus solchen Fachbereichen sollten ins Testteam integriert werden)
- Hohe Flexibilität bei formaler Professionalität, keine Umsetzung auf Zuruf etc.
- Unterschiedliche Standorte, Sprachen, Zeitzonen und weitere Faktoren erschweren die schnelle Abwicklung eines IT-Projektes

Diese und weitere Punkte müssen zusätzlich, zu allen weiteren bereits beschriebenen Rahmenbedingungen beachtet werden. Nur dann kann Critical Chain Project Management auch im Rahmen von Softwareentwicklungsprojekten sinnvoll genutzt werden.

Die Einführung von Critical Chain Projektmanagement scheitert oftmals an ablehnendem Verhalten, seitens der Betroffenen, gegenüber Neuerungen und Veränderungen, nicht zuletzt begründet durch die Ungewissheit zukünftiger Anforderungen und Aufgaben. Erkennen aber Management und Auftraggeber den Nutzen dieser Methode in Bezug auf kürzere Durchlaufzeit und Kostenersparnis, Wettbewerbsfähigkeit und dem Markt-vorsprung an, überzeugt Critical Chain Projektmanagement angelehnt an die Theory of Constraints durchaus. Je schneller die Umsetzung erfolgt ohne dabei Kundenanforderung und Qualität aus den Augen zu verlieren, desto grösser wird der Erfolg des Projektes ausfallen.

Die Critical Chain Projektmanagement Methode bedeutet eine „Kulturveränderung“ im Projektmanagement und im gesamten Unternehmen. Der Aufwand bis zur Implementierung im Unternehmen ist hoch, Umdenken bei allen Beteiligten ist erforderlich. Pilotierungen und Durchführung in Einzelprojekten bringen keinen großen Nutzen, ganz oder gar nicht lautet die Devise. Gerade die sich immer wieder ändernden Rahmenbedingungen in Softwareentwicklungsprojekten erschweren den Einsatz für CCPM.

Die Methode garantiert den Projektbeteiligten keine schnelleren Durchlaufzeiten. Viel mehr ist es das angestrebte Ziel, Projekte in Time, Budget und Quality zu führen und abzuschließen.

16.2 Fazit / Empfehlung

Komplexe Veränderung innerhalb der bestehenden Organisation, kein garantierter Projekterfolg, hoher Aufwand für Schulung, Marketing etc. in den Reihen der eigenen Mitarbeiter, dazu sicherlich zahlreiche Gespräche mit dem Endkunden sofern es um Softwareentwicklung als Dienstleistung für den Kunden geht. Alles dies sind erst einmal eher negativ klingende Punkte in Bezug auf CCPM.

Bei meinem Fazit zu CCPM in der Softwareentwicklung möchte ich grundlegend unterscheiden, ob es sich um die Softwareentwicklung bei einem Produkthersteller (Bsp. Microsoft, SAP) handelt oder ob es, wie z.B. bei meinem Arbeitgeber T-Systems, um Softwareentwicklung, im Rahmen eines Projektes, zwischen einem Dienstleister und dessen Kunden geht.

Bei der Softwareentwicklung eines Produktherstellers sehe ich durchaus große Vorteile beim Einsatz von CCPM. Denn die Anforderungen und Priorisierungen dieser Anforderungen habe ich selbst in der Hand, es liegt kein Festpreis zugrunde, Entscheidungen über Funktionalität, die beispielsweise zugunsten des Fertigstellungs-termines gestrichen wird, entscheidet das Management selbst. Grundsätzlich besteht die Möglichkeit, den kompletten Prozess der Softwareentwicklung für alle Produkte, die ich in Eigenregie herstelle, nach der Methode des Critical Chain Managements aufzusetzen.

Handelt es sich aber um ein Dienstleistungsunternehmen, das in erster Linie unterschiedliche Projekte für verschiedene Kunden abwickelt, ist dies ungleich schwieriger. Der Abstimmungsaufwand ist um ein Vielfaches höher, jeder neue Kunde muss zunächst von dem Ansatz überzeugt werden, nicht mit jedem Kunden ist eine offene und vertrauensvolle Zusammenarbeit möglich. Viele Projekte werden über Festpreise getaktet und letzten Endes ist es in vielen Fällen auch so, dass die Kundenbeziehung zu diesem Kunden nur über ein Projekt besteht. Das wiederum bedeutet, dass die Wirkung von Critical Chain Project Management für den diesen Kunden verpufft.

Noch kritischer ist das Ganze, wenn Abhängigkeiten zu weiteren Projekten im Hause des Kunden bestehen, die von Dritten nach anderem Vorgehen ausgeführt werden. Hier steht aus meiner Sicht Aufwand und Ertrag in keinem akzeptablen Verhältnis. Ausnahme wäre hier, wenn eine intensive Kundenbeziehung bestehen würde, in der mehrere Projekte im gleichen Umfeld beim Kunden auszuführen sind. Beispielhaft möchte ich auch hier meinen eigenen Arbeitgeber heranziehen. Innerhalb des Konzerns Deutsche Telekom AG wickelt die T-Systems System Integration nahezu 80 % der IT-Projekte der Schwestergesellschaft T-Home ab.

Diese Projekte sind vielfach miteinander verknüpft und fließen in die hoch-komplexe IT-Landschaft der T-Home ein. Eine konsequente Ausrichtung aller Beteiligten auf das planerische Vorgehen nach Critical Chain könnte aus Gesamtsicht tatsächlich Vorteile bringen. Dazu müsste allerdings auf Konzernebene ein Multiprojektmanagement etabliert werden, welches einen solchen Prozess intensiv vorantreibt und begleitet. Da es eine solche Kunden-Auftragnehmersituation wohl nur sehr selten gibt ist es aus meiner Sicht zunächst nicht empfehlenswert, für einen Dienstleister generell auf diese Methode umzustellen. Im Bereich der Softwarehersteller sehe ich hier allerdings schon eine große Chance, die bestehenden Vorgehensweisen in Richtung CCPM zu verändern.

Unabhängig davon welche Ansätze zukünftig verwendet werden, es gibt zwei Punkte, die in jedem Fall versucht werden sollten auch in andere Vorgehensweisen integriert zu werden:

- Ressourcenbetrachtung
- Generelle Reduzierung von Puffern auf Einzeltätigkeiten, hin zum Puffer am Ende

Eine Vermeidung von Multitasking und Störungen bei der täglichen Arbeit halte ich unter den heute vorherrschenden Rahmenbedingungen nicht für sonderlich realistisch.

Einen Punkt, den ich als sehr kritisch einstufe und der in der Literatur oder den einschlägigen Foren zur TOC und zum CCPM diskutiert wird, ist der Verzicht auf Meilensteine. Gerade in einem größeren Projekt oder auch im Multiprojektmanagement sind Meilensteine sehr wichtig, um eine Orientierung für weitere Beteiligte zu schaffen. Oftmals sind auch vertraglich fixierte Themen wie z.B. ein Zahlungsplan für das Projekt an bestimmte Meilensteine geknüpft. Hier würde ich empfehlen eine etwas modifizierte Vorgehensweise zu wählen und nicht generell auf Meilensteine im Rahmen der Projektabwicklung zu verzichten.

Ansonsten ist zu beachten, was auch für andere Ansätze des Projektmanagements gilt (vgl. Schell, 2004):

- Die Unterstützung der obersten Führungsebene (Management Attention)
- Die Auswahl des richtigen Projektleiters
- Die Führungsqualität des Projektleiters
- Die richtige Zusammensetzung des Projektteams, sowohl fachlich als auch persönlich
- Die Kommunikation im Projektteam, regelmäßig und vollständig

- Die richtige Zieldefinition des Projekts
- Die Auftragsklärung

Leider komme ich am Ende meiner Arbeit zu keiner revolutionären Erkenntnis bzw. einem eindeutigen Ergebnis und habe auch nicht den von mir persönlich erhofften Motivationsschub durch den CCPM-Ansatz erhalten, um diesen Ansatz im Rahmen der von mir verantworteten Projekte zu etablieren. CCPM bietet viele gute Ansätze und Anregungen, die aber nur in Verbindung mit generellen Veränderungen im IT-Projektumfeld eine hohe Wirkung erzielen können. Auch die grundlegende Änderung des Verhaltens ist eine hohe Hürde auf dem Weg zur erfolgreichen Nutzung von CCPM.

Grundsätzlich wurde vielmehr bestärkt, dass die Professionalisierung des Projektmanagements im Rahmen von IT-Projekten weiter vorangetrieben werden muss. Gerade durch verteilte Teams, Nearshore- und Offshore-Einsätze etc. ist es unumgänglich die bestehenden PM-Ansätze weiter zu professionalisieren.

Ob und in welcher Form Critical Chain Project Management dabei eine wesentliche Rolle spielen wird oder ob sich eine der agilen Methoden weiterentwickelt wird die Zukunft zeigen.

Abschließend möchte ich noch die Einschätzung von Herrn Techt aus unserem Gespräch wiedergeben. „Im IT-Umfeld wird normalerweise bereits ein erheblicher Puffer eingeplant. Jeder weiß, dass es unmöglich ist, das Projekt in time, in budget und unter Erfüllung aller Spezifikationen zu realisieren. Da man oft „just in time“ liefern muss, werden am Ende Kompromisse beim Inhalt gemacht (und es war jedem von Anfang an klar, dass es so kommen würde – es gab also einen Inhaltspuffer). Die Herausforderung besteht darin, den Inhaltspuffer in einen Zeitpuffer zu verwandeln“ (Zitat Uwe Techt im persönlichen Gespräch, im Februar 2008).

17 EIGENER ANSATZ – SCRUM MEETS CCPM

Da ich im Rahmen meiner Thesis zu keinem eindeutigen Ergebnis gekommen bin, aber sowohl die agilen Methoden als auch die Critical Chain Management-Ansätze einige sehr gute Ansätze für die Praxis enthalten, habe ich auf Basis der Erkenntnisse, die ich aus einem Scrum basierten Projekt gewonnen habe und der theoretischen Grundlagen des CCPM noch einen eigenen Ansatz entwickelt und im Folgenden dargestellt. Ich persönlich könnte mir vorstellen, zukünftig diesen Ansatz für terminsichere und schnelle bzw. schnellere Softwareentwicklungsprojekte zu etablieren und Projekte auf diese Weise abzuwickeln.

Abbildung 35 - Scrum meets CCPM

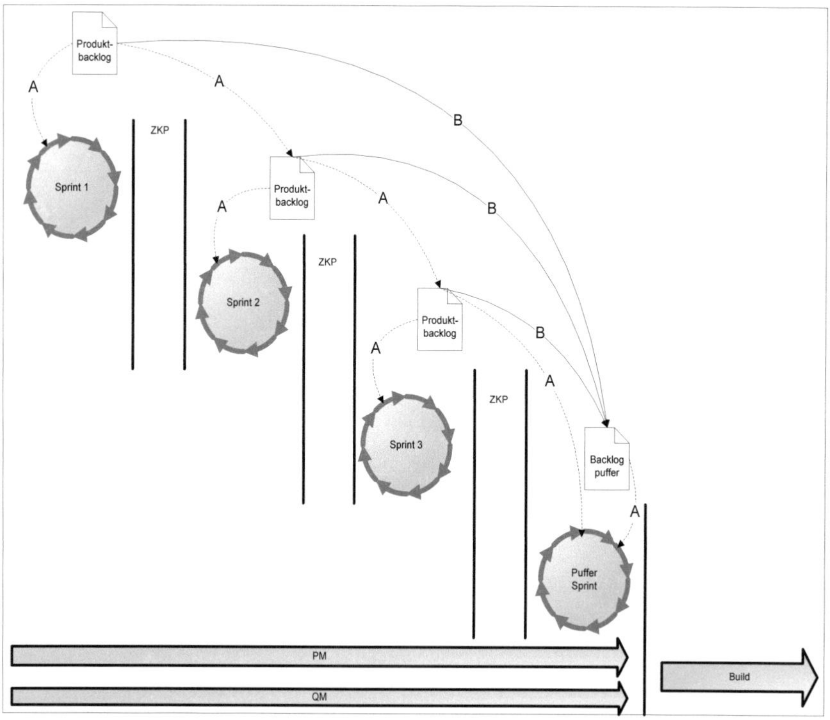

Generell ist es wichtig, frühzeitig Ergebnisse mit dem Kunden zu besprechen. Die jeweiligen Anforderungen aus dem Product Backlog sollten im Rahmen eines Sprints (maximal 4 Wochen) zu einem „lauffähigen" Ergebnis kommen. Jeder Sprint für sich wird pufferfrei geplant. Anforderungen, deren Umsetzungen nicht möglich sind und deren Hindernisse auch nicht rechtzeitig durch den Scrummaster ausgeräumt werden, werden in einen Folgesprint oder in den absichernden Puffersprint am Ende verschoben. Das Gleiche gilt für Anforderungen, die noch nicht klar formuliert sind. Generell ist der grundlegende Ansatz, dass Anforderungen aus dem Product Backlog (Anforderungsliste) entweder in A, den zeitlich folgenden Sprint oder B, in den von mir als Puffersprint bezeichneten Sprint geschoben werden. Durch die konsequente Einhaltung der einzelnen Sprinttermine gibt es frühzeitig Liefergegenstände (funktionierende Softwaremodule) anhand derer der Fortschritt und die Qualität gezeigt werden kann.

Zur Absicherung der einzelnen Sprints wird ein Zulieferpuffer (ZKP) vor Start des jeweiligen Folgesprints verwendet. Bevor der tatsächliche Build der auszuliefernden Software erfolgt, gibt es den so bezeichneten Puffersprint, Puffer am Ende des Projektes. Dieser Puffersprint dient vor allem der terminlichen Absicherung und der Erledigung von Restaufgaben, die noch offen geblieben sind. Durch die bei Scrum typische Fokussierung der Mitarbeiter auf die tatsächlich übernommene Aufgabe und den konsequenten Einsatz eines Scrummasters zur Beseitigung etwaiger Störungen wird Multitasking so gut wie möglich vermieden.

Es werden also die pufferfreie Planung, das Late-Start-Prinzip, die Vermeidung von Multitasking konsequent berücksichtigt. Denkbar wäre noch, je nach Komplexität der Anforderungen mit „zwei Scrummastern“ zu arbeiten. Ein Scrummaster fokussiert sich auf die Hindernisse auf der kritischen Kette, der andere Scrummaster auf die Hindernisse bei den Zulieferarbeitspaketen. Insgesamt könnte so ein zukünftiges Modell durchaus aussehen, müsste allerdings im Praxiseinsatz weiter erprobt und verfeinert werden.

Zur Akzeptanzsteigerung würde ich das Ganze zunächst in einem Einzelprojekt und nicht gleich in einem komplexen Programm zum Einsatz bringen. Zwar sind die Wirkungspotentiale dort deutlich geringer, aus Risikosicht jedoch ist ein genereller Ansatz vom Beginn an nicht zu empfehlen.

Eine sorgfältige Auswahl eines Pilotprojektes mit der Klärung der erforderlichen Rahmenbedingungen (siehe auch Kapitel 10.3) erleichtert den Einstieg und die Akzeptanz. Es werden sicherlich im Rahmen einer solchen Pilotierung zahlreiche Verbesserungsmöglichkeiten identifiziert und müssen in das weitere Vorgehen eingearbeitet werden. Bei der gleichzeitigen Umstellung aller Projekte auf ein solches Verfahren ist die Gefahr eines generellen Scheiterns und „abstempeln“ des Ansatzes eine wahrscheinliche Folge.

Abschließen möchte ich die Begründung für diese Step by Step-Einführung mit einem schönen Zitat von Tom De Marco:

„Es gibt keine Schnellschüsse zur Verbesserung der Produktivität. Produktivitätsverbesserungen erfordern langfristige Investitionen. Alles, was kurzfristige Ergebnisse verspricht, ist vermutlich Scharlatanerie. (Tom de Marco,1997, S. 74).

18 AUSBLICK PROJEKTMANAGEMENT IN DER SOFTWARE-ENTWICKLUNG

18.1 Status Quo - Projektmanagement in der Softwareentwicklung

Bei allen vorgestellten Methoden und Ansätzen handelt es sich um Handlungsalternativen zur Abwicklung von Softwareentwicklungsprojekten. Viel wichtiger als die Etablierung eines innovativen Ansatzes wäre es aber gerade im Umfeld von IT-Projekten, das Projektmanagement weiter zu professionalisieren und das Ganze auch entsprechend zu etablieren, permanente Verbesserung zu erreichen, sei dies nun in Form der Etablierung eines Projekt Management Competence Centers oder eher durch die Installation einer PM-Community. Wichtig ist die Vernetzung der PM-Kompetenz in Unternehmen und die Verständnisförderung für professionelles Projektmanagement in der Unternehmens-führung. Für die zukünftig erfolgreichere Gestaltung sollte also im ersten Schritt die Professionalisierung der Methoden, Prozesse und Kompetenzen stehen und erst auf dieser Basis sollte ein Ansatz wie Critical Chain Project Management oder auch dem Scrum basierenden CCPM in der in Kapitel 13 beschriebenen Form etabliert werden.

18.2 Zukünftiges Projektmanagement in der Softwareentwicklung

In welche Richtung wird sich wohl die langfristige Entwicklung des Projektmanagements im IT-Umfeld fortsetzen? Bezüglich des Critical Chain Project Managements lässt sich sagen, dass dies noch eine relativ neue Theorie ist, die in Deutschland zum jetzigen Zeitpunkt noch nicht weit verbreitet ist. Unternehmen, die es einsetzen halten sich diesbezüglich auch eher bedeckt. Bei den agilen Projektmanagementmethoden gehen die Expertenmeinungen ebenfalls noch auseinander. Doch eins steht auch jetzt schon fest: Das Interesse an Alternativen zur schnelleren und effizienten Projektabwicklung wird in den Unternehmen weiter zunehmen. Noch werden die meisten Unternehmen beim Optimieren Ihrer Projektmanagementansätze getrieben durch die Vermeidung von Vertragsstrafen (Pönalen) und dem Abwenden von Imageschäden durch Verzögerungen in Projekten. Doch der Trend geht deutlich in die Richtung, dass der Fokus sich verändert. Man geht weg von der reinen Schadensbegrenzung hin zur Generierung eines echten Wettbewerbsvorteils durch Verkürzung der Projektlaufzeiten. Nicht nur pünktliche Projektabwicklung, sondern sogar der vorzeitige Abschluss der Projekte werden das neue Ziel werden. Dieser Wandel wird die

Veränderung bestehender Vorgehensmodelle und Methoden weiter antreiben. Neueste Veröffentlichungen, wie der Artikel über so genannte Musterbrecher im Magazin „Projektmanagement aktuell“ oder über die Projektabwicklung bei 1&1 erschienen im „Projektmanagement Magazin“, stützen diese Entwicklung.

Auch das Motto der Messe InterPM 2008, eine gemeinsame Veranstaltung der GPM und der Gesellschaft für Informatik hat dieses Jahr den Schwerpunkt auf die Zukunft des Projektmanagements ausgerichtet (vgl. www.interpm.de, 2008). Wachstum und Wett-bewerbsfähigkeit sind nur durch Innovationen zu erreichen, Projekte im Sinne der Definition (neuartig, komplex etc.) bilden somit das Instrument zur Umsetzung von Innovationen. Projektmanagement muss zukünftig darauf ausgerichtet sein, Innovationen zu identifizieren, zu fördern, zu ermöglichen und letztlich zu realisieren. Projektmanagement bildet damit die Grundlage für Innovationen schlechthin.

Die wesentlichen Fragen für die Zukunft des Projektmanagements lauten hier (vgl. www.interpm.de, 2008):

- Doch wie sollen so Innovationen in und durch Projekte entstehen?
- Was kann Projektmanagement leisten, um Innovationen im Projektverlauf aufzufinden und zu entwickeln?
- An welchen Stellen ist Projektmanagement kontraproduktiv?
- Und wo muss Projektmanagement weiterentwickelt werden?

Dies gilt aber nicht nur für Projekte im IT-Umfeld, sondern für alle Arten von Projekten. Vor diesem Hintergrund liegt eine hochinteressante Zukunft mit permanenter Weiterentwicklung des Projektmanagements vor uns.

19 GLOSSAR

Abkürzung / Fachbegriff	Erläuterung
Abnahme	Verbindliche, vertragsrelevante Bestätigung des Auftraggebers über die Erfüllung von Anforderungen.
Agil / Agiles / Agilität	Agil kommt aus dem Lateinischen und bedeutet flink, beweglich bzw. flexibel.
ALAP	As late as possible, so spät als möglich (Spätstartprinzip)
ASAP	As soon as possible, so früh als möglich
B2B	Business-to-Business
Build	Unvollständige aber teilweise lauffähige Software
CCM	Critical Chain Management
CCPM	Critical Chain Project Management
CMMI	Capability Maturity Model Integration
COCOMO	Constructive Cost Model, Schätzmethode im IT-Umfeld
Community	Gemeinschaft, im Internet Standardbegriff für so genannte Interessensgemeinschaften.
Constraint	Begrenzender Faktor, auch Engpass
CR	Change Request
CRM	Customer Relationship Management
CRT	Current Reality Tree
Daily Scrum	Kurzes tägliches Status-Meeting innerhalb einer 15minütigen Time-Box, in dem sich die Team Members über ihre Tätigkeiten seit dem letzten Daily Scrum austauschen und festlegen, was sie bis zum folgenden Daily Scrum erreichen wollen. Wesentlicher Inhalt ist was sie bei ihrer Arbeit behindert hat
DBR	Drum -Buffer- Rope
DIN	Deutsche Industrie Norm
DIN 66001	Norm für Projektablaufpläne

Abkürzung / Fachbegriff	Erläuterung
DIN 69901	Deutsche Industrienorm für Projekt und Projektmanagement
DIN69900	Begriffe der Netzplantechnik wie z.B. Meilensteinplan.
DIN 69901	Allgemeine Begriffe des Projektmanagements wie Begriffe der Projektgliederung (z.B. Arbeitspaket)
DIN 69902	Begriffe des Ressourcenmanagements und z.T. der Aufwandsschätzung
DIN 69903	Begriffe des Kosten- und Finanzmittelmanagements sowie des Projektcontrollings
DIN 69904	Richtlinien zur Gestaltung eines Führungs- und Handlungsmodells im Projektmanagement
DIN 69905	Begriffe des Projektmanagements, Ergänzung der DIN 69901
DRUM	Detaillierter Arbeitsplan der Engpassressource
DTAG	Deutsche Telekom AG
EAI	Enterprise Application Integration
EKS	Engpasskonzentrierte Verhaltens- und Führungsstrategie
Fix Price	Festpreis, Werkverträge mit fester Leistung zu einem festen Preis
FRT	Future Reality Tree
GPM	Gesellschaft für Projektmanagement
HW	Hardware
ICB	IPMA Competence Baseline
Inter PM	Konferenz zur Zukunft des Projektmanagements
IPMA	International Project Management Association
ISO9001	Quality Management Standard
IT	Informationstechnologie
Iteration	Schrittweise bzw. auch wiederholt
ITIL	IT Infrastructure Library

Abkürzung / Fachbegriff	Erläuterung
Joint Venture	Gemeinschaftsunternehmen, Form einer Kooperation
KP 14 C	Spezielles Kürzel der DTAG – KernProzess 14 Consumerbereich
LOC	Line of Code
Los / Losgröße	Unter einem Los versteht man in der Produktion die Gesamtheit sämtlicher Einheiten eines Produktes, die unter gleichen Bedingungen erzeugt, hergestellt oder verpackt wurden. Losgröße bezieht sich auf die jeweilige Menge.
MPM	Multiprojektmanagement
Murphys Gesetz	Murphys Gesetz besagt, dass, wenn es eine Möglichkeit gibt, dass etwas schief gehen kann, dies in der Regel auch passiert.
PERT	PERT („Program Evaluation and Review Method“)
PM	Projektmanagement
PMBOK	Guide to the Project Management Body of Knowledge
PMCC	Project Management Competence Center
PMI	Project Management Institut
PMM	Portfolio Management
PSP	Projektstrukturplan
Release	Auslieferbare Software
Rentabilität	Darunter versteht man das Verhältnis einer Erfolgsgröße (z.B. Gewinn im Vergleich zum eingesetzten Kapital)
ROI	Return on Invest
RSEM	Root Square Error Methode
RUP	Rational Unifed Process

Abkürzung / Fachbegriff	Erläuterung
SCRUM	Kein Akronym(!), sondern die englische Bezeichnung für das angeordnete Gedränge im Rugby-Sport. Der Bezug zu Scrum als Prozess für Projektmanagement und Entwicklung liegt darin, dass das → Team im Mittelpunkt steht und jeweils vor dem nächsten Scrum den geplanten Spielzug bespricht. Ohne diese Selbstorganisation (→ Self-Organisation) des Teams würde Scrum nicht funktionieren.
Scrummaster	Die für den Scrum-Prozess verantwortliche Person - Der ScrumMaster sorgt für die korrekte Implementation und den maximalen Nutzen des Prozesses. Der ScrumMaster ist kein Projektleiter im herkömmlichen Sinn, sondern ein Vermittler und Unterstützer (Facilitator), dessen Hauptaufgabe darin besteht, Hindernisse für das Team aus dem Weg zu räumen.
Six Sigma	Qualitätsmanagementmethodik, die immer öfter auch im Umfeld von Projekten eingesetzt wird.
SOA	Serviceorientierte Architektur
Spice	Software Process Improvement and Capability Determination
Sprint	Iteration im Rahmen von Scrum
SW	Software
T&M	Time and Material, Dienstleistungsvertrag (Zeit und Material) Verantwortung bleibt beim AG
Tailoring	Das Vorgehen im Rahmen der Softwareentwicklung muss an jedes Projekt angepaßt werden. Dieser Prozess wird Tailoring - englisch für Zuschneidern oder Maßschneidern - genannt.
T-Home	Nachfolgegesellschaft im Konzern der Deutschen Telekom anstelle von T-Com
Timebox	Zeitabschnitt, der nicht überschritten werden darf
TQM	Total Quality Management
UML	Unified Modeling Language
USP	Unique selling proposition, Alleinstellungsmerkmal, Leistungsmerkmal, mit dem sich ein Angebot deutlich vom Wettbewerb abhebt

Abkürzung / Fachbegriff	Erläuterung
Win-Win Situation	Von einer Win-Win Situation spricht man wenn ein Vorteil für beide Seiten entsteht.
XML	Extensible Markup Language
XP	Extreme Programming
ZKP	Zulieferkettenpuffer

20 LITERATURVERZEICHNIS

Bücher & Skripte

Bodmer, Christian (2006): Skript zur Lehrveranstaltung "Innovationsmanagement". Modul 2, Executive MBA Projekt- und Prozessmanagement

Balzert, Helmut (2004): Lehrbuch der Software-Technik Band 2, Elsevier-Verlag

Dr. Goldratt, Eliyahu M. (2004): Das Ergebnis, Piper Verlag

Dr. Goldratt, Eliyahu M. (2001): Das Ziel, Campus Verlag

Dr. Goldratt, Eliyahu M. (2002): Die kritische Kette, Campus Verlag

Grasl, Oliver **/ Grasl,** Tobias **/ Rohr** Jürgen (2004): Prozessorientiertes Projektmanagement, Hanser Verlag

Leach, Lawrence P. (2005): Critical Chain Project Management, Artech House Verlag

Loebel, Uwe (2005): Wege zum Ziel, MITP Verlag

Malik, Fredmund (2005): Management, FAZ Verlag

Marco, De Marco (1997): Der Termin, Hanser Verlag

Newbold, Robert C. (1998): Project Management in the Fast Lane, Apics Verlag

Patzak, Gerold / **Rattay** Günther (2004): Projektmanagement, Linde Verlag

PMI, Project Management Institute [2004): A Guide to the Project Management Body of Knowledge (PMBOK® Guide) Dritte Ausgabe, Verlag Project Management Institute

Schell, Heinz / **Ottmann** Roland / **Pfeiffer,** Astrid (2005):Projektmanager, GPM Verlag

Sterrer, Christian (2005): Skript zur Lehrveranstaltung "Projektmanagement-Training". Modul 1, Executive MBA Projekt- und Prozess-management

Sterrer, Christian / **Winkler**, Gernot (2006): Let your projects fly, Goldegg Verlag Wien

Sterrer, Christian (2006): Skript zur Lehrveranstaltung "Prozesse der PM–Methoden der Projektplanung und Organisation". Modul 1, Executive MBA Projekt- und Prozessmanagement

Techt, Uwe / **Lörz,** Holger (2007): Critical Chain, Haufe Verlag

Wallmüller, Ernest (2004): Risikomanagement für IT- und Software-Projekte, Hanser-Verlag

Weidinger, Bernhard (2008): Skript zur Lehrveranstaltung "Strategisches Management Projekt und Prozessorientierter Unternehmen". Modul 7, Executive MBA Projekt- und Prozessmanagement

Weiss, Christian / **Oesterreich** Bernd (2008): APM – Agiles Projektmanagement, dpunkt verlag

Wöhe, Günter / **Döring**, Ulrich (2005): Einführung in die Allgemeine Betriebswirtschaftslehre. Verlag Franz Vahlen, München

Fachartikel & Studien

Cerveny, Janice F.: Critical Chain Project Management. Holistic Solution Alignng Quantitative and Qualitive Project Methods. In: Production and Inventory Management Journal, 2002, Band 43 (3-4), S. 55-64.

Cohen, Izack: Multi-Project Scheduling and Control. A Process-Based Comparative Study of the Critical Chain Methodology and Some Alternatives. In: Project Management Journal, 2004, Band 35 (2), S. 39-50.

Economist, Intelligence Unit (EUI) IT at a speed of business, 2007.

Ehrke, Sven und **Mannion**, Mike: "Kritische Kette" in der Softwareentwicklung. In: Objektspektrum, 2006, Band 02.

Gartner, Peggy: Die Drei-Punkt-Schätzmethode zur Kalkulation des Projektaufwands, In PM Methoden und Instrumente 1999, S. 33-38.

Gelbwaks, Matt: Segway and an Agile Critical Chain. In: Cutter IT Journal, 2003, Band 16 (3), S. 24-28.

Hartmann, Birgit: Critical Chain Project Management. In: Technologie & Management, 2007 (3-4), S 16-17.

Herroelen, Willy: Critical Chain Project Scheduling. Do Not Oversimplify. In: Project Management Journal, 2002, Band 33 (4), S. 48-60.

Houben, Anabel **/ Frigge,** Carsten: Veränderungen erfolgreich gestalten. Studie der C4 Consulting GmbH, 2007.

Kanes, Silke: Critical Chain - Der Ausweg aus der Planungsmisere?. in: Projekt Magazin, 2000, Band 5/2000.

Leach, Larry P.: Critical Chain Project Management Improves Project Performance. in: Project Management Journal, 1999, Band 30 (2), S. 39-51.

Leach, Lawrence P.: Schedule and Cost Buffer Sizing: How to Account for the Bias between Project Performance and Your Model. in: Project Management Journal, 2003, Band 34 (2),.

Mewes, Wolfgang : Die Engpasskonzentrierte Verhaltens- und Führungsstrategie, Studie von Mewes, 2000.

Oechtering, Reinhard: Die kritische Kette: Ein praxistaugliches Konzept? In: Projektmagazin, 2003, Band 03.

Piney, Crispin: Critical Path or Critical Chain - Combining the Best of Both. Debating whether an idea is new or old seems to be a waste of energy. Why not just use what works? If that means a little of both, so be it!, in: PM Network, 2000, Band 14 (12), S. 51-55.

Pritchard, Carl: Where now for the Critical Chain? In: Project Manager Today, 2006, Band 18 (4), S. 16-17.

Rand, Graham K.: Critical chain: the theory of Constraintsapplied to project management. In: International Journal of Project Management, 2000, Band 18 (3), S. 173-178.

Raz, Tzvi: A Critical Look at Critical Chain Project Management. In: Project Management Journal, 2003, Band 34 (4), S. 24-32.

SD & M, **Cap Gemini**, Studie IT-Trends 2007, erschienen bei CapGemini.

Seibert, Siegfried: Agiles Projektmanagement. In: Projekt Management aktuell, 2007 Band 01, S. 41-48.

Sodhi, ManMohan S.: How To Do Strategic Supply-Chain Planning. In: MIT sloan management review, 2003, Band 45 (1), S. 69-76.

Spoede, Charlene W.: Policing, Firefighting, or Managing? In: Strategic Finance, 2002, Band 84 (6), S. 31-35.

Steyn, Herman: An investigation into the fundamentals of critical chain project scheduling. In: International Journal of Project Management, 2000, Band 19 (1), S. 363-369.

Steyn, H.: Project management applications of the theory of Constraintsbeyond critical chain scheduling. In: International Journal of Project Management, 2002, Band 20 (1), S. 75-80.

Tukel, Oya I.: An investigation of buffer sizing techniques in critical chain scheduling. In: European Journal of Operational Research, 2006, Band 172 (2), S. 401-416.

Umble, Michael: Manage Your Projects for Success. An Application of the Theory of Constraintts. In: Production and Inventory Management Journal, 2000, Band 41 (2), S. 27-32.

Yeo, K.T.: Integrating supply chain and critical chain concepts in engineer-procure-construct (EPC) projects. In: International Journal of Project Management, 2002, Band 20 (4), S. 253-262.

Yeo, K.T. und Ning J.H.: Managing uncertainty in major equipment procurement in engineering projects. In: European Journal of Operational Research, 2006, Band 171, S. 123-134.

Internetseiten mit konkretem Autor

Newbold, Robert C.: Introduction to Critical Chain Project Management.(URL: http://www.prochain.com/resource_center/articles/intro_to_critical_chain.asp) (03.01.2008)

Oechering, Reinhard : Die kritische Kette: Ein praxistaugliches Konzept?
(URL: http://www.projektmagazin.de/magazin/abo/download/2003/03033_Goldratt.pdf)
(12.02.2008)

Patrick, Francis S.: Critical Chain Scheduling and Buffer Management. Getting Out From Between Parkinson's Rock and Murphy's Hard Place, 1998
(URL: http://www.focusedperformance.com/articles/CCBM_PM.pdf) (03.01.2008)

Patrick, Francis S.: Critical Chain and Risk Management. Protecting Project Value from Uncertainty, 2001 (URL: http://www.focusedperformance.com/articles/ccrisk.pdf)
(03.01.2008)

Techt, Uwe Produktivitätssteigerung: Den Engpass in fünf Schritten überwinden 2007 (URL: http://www.projektmagazin.de/magazin/abo/download/2007/07071_TOC_5Steps.pdf) (03.01.2008)

Weitere Internetseiten ohne Angaben von Autoren

http://agilemanifesto.org/principles.html (03.02.2008)

http://de.wikipedia.org/wiki/Cocomo (01.03.08)

http://de.wikipedia.org/wiki/Critical_Chain_Management (20.12.2007)

http://de.wikipedia.org/wiki/Rapid_Application_Development (01.03.08)

http://de.wikipedia.org/wiki/Softwaretechnik (03.02.2008)

http://de.wikipedia.org/wiki/Theorie_der_Einschraenkungen (10.01.08)

http://de.wikipedia.org/wiki/Methode_des_kritischen_Pfades (10.01.2008)

http://de.wikipedia.org/wiki/Ereignisgesteuerte_Prozesskette (10.01.2008)

http://groups.google.com/group/TOC4u (23.02.2008)

http://scrum-master.de/content/blogsection/4/31/ (23.02.2008)

http://scrum-master.de/content/view/ (23.02.2008)

http://www.standishgroup.com), Zugriffsdatum 12.11.2007

http://TOC4u.blogspot.com/search/label/CriticalChain (03.02.2008)

http://TOC4u.blogspot.com/search/label/theoryofConstraintts (03.02.02008)

http://TOC4u.stikipad.com/TOC4u/show/Glossar (23.02.2008)

http://www.change-architect.com (08.03.08)

http://www.extremeprogramming.org (23.02.2008)

http://www.gpm-ipma.de/docs/showsite.php (20.12.2007)

http://www.iabg.de/aktuelles/mitteilungen/200409_V-Modell_XT_de.php (08.03.08) http://www.interpm.de (16.03.2008)

http://www.oose.de/apm (10.01.2007)

http://www.projektmagazin.de/glossar/gl-0773.html (10.01.2008)

http://www.scrumalliance.org/pages/scrum_concept (03.02.2008)

http://www.v-modell.iabg.de (14.03.2008)

http://www-306.ibm.com/software/awdtools/rup/ (23.02.2008)

Seiten aus dem Unternehmensintranet

http://systemsnet.telekom.de/cms/tsi-d/de/unternehmen/prozesse (15.01.2008)

http://t-home.telekom.de/ (15.01.2008)

http://pmbook.t-systems.com (15.01.2008)

http://sebook.t-systems.com (15.01.2008)